汉语国际教育系列教材

实用商务汉语·深圳篇

傅蓓元　编著

中国人民大学出版社
·北京·

图书在版编目（CIP）数据

实用商务汉语．深圳篇 / 傅蓓元编著．--北京：中国人民大学出版社，2022.10

汉语国际教育系列教材

ISBN 978-7-300-31075-6

Ⅰ．①实… Ⅱ．①傅… Ⅲ．①商务－汉语－对外汉语教学－教材 Ⅳ．①H195.4

中国版本图书馆CIP数据核字（2022）第183134号

汉语国际教育系列教材

实用商务汉语 · 深圳篇

傅蓓元　编著

Shiyong Shangwu Hanyu · Shenzhenpian

出版发行	中国人民大学出版社		
社　　址	北京中关村大街31号	**邮政编码**	100080
电　　话	010-62511242（总编室）		010-62511770（质管部）
	010-82501766（邮购部）		010-62514148（门市部）
	010-62515195（发行公司）		010-62515275（盗版举报）
网　　址	http://www.crup.com.cn		
经　　销	新华书店		
印　　刷	北京瑞禾彩色印刷有限公司		
规　　格	210mm×285mm　16开本	**版　　次**	2022年10月第1版
印　　张	14.75	**印　　次**	2022年10月第1次印刷
字　　数	212 000	**定　　价**	68.00元

序 Preface

随着国际中文教育的多元发展，“中文+”特色课程已经成为学科发展的方向之一。当我拿到傅蓓元老师编著的教材《实用商务汉语·深圳篇》时首先想到的是，这样的教材正符合当下课程、教学的需求，于是赶紧翻阅起来。

傅老师是国家认证的经济师，留英MBA，曾在跨国公司担任七年多的高管，有着全面的商务实践。在高校从教的十多年中，一直活跃在对外汉语教学的第一线，从语言生到本科、研究生的教学都积累了丰富的经验。本教材已经先后试用了6个学期，学生们普遍认为教学内容生动、实用，甚至有学生从武汉、北京慕名而来。

这本《实用商务汉语·深圳篇》与其说是教外国人怎么说好汉语，不如说是教外国人怎么在最短时间内，能够走进世界城市发展史上的奇迹——深圳，去了解这个在短短四十多年的时间里，从一个边陲小镇发展成为超过两千万人口的国际化大都市。在这个开放、创新、包容的城市里，外国人怎样有效地跟中国人沟通交流？这是教材的核心主题。场景化的教学内容组织，展现出来的是外国人在中国、在深圳生活、工作、创业、交友、娱乐、运动、参加社会公益等方方面面的内容，俨然是外国人在当下中国城市工作、生活的入门指南。在我看来，本教材呈现出以下特点：

1. 内容选取上跟在中国工作、生活的外国商务人士的需求高度契合。教学内容涉及来到深圳的外国人开展商务活动需要了解的接机、找房、学习、应聘、社交、企业活动、创办企业及经营管理等内容，能充分体现学以致用，学用相长。

2. 文化传播上与当前中国的城市精神面貌紧密相连。通过一个又一个真实的场景，自然而然地展现中国城市生活的方方面面，向世界展示生活在深圳的各行各业的人们对工作和生活的态度、标准、价值取向、环保意识、社会责任、文化特质、审美趣味等，呈现出一个自信和包容的中国城市形象。

3. 在语言教学上适用性广、功能性强。商务汉语的教材大多要求学习者汉语水平达到中级以上，而该书通过对内容的精心设计和组织，融口语、听力、阅读、写作于一体，是少有的初级和中级汉语水平的留学生都能使用的商务汉语教材，适合来华留学的短期语言生、学历生以及在华的外企员工等。

期待着该书的出版能为我们的汉语教学增添一份力量，更好地促进中外文化交流与经济合作。

北京语言大学教授 博士生导师　姜丽萍

2022年6月

前言 Foreword

斯蒂芬·平克在《人性中的善良天使》中说：商业使人类的杀戮大幅度下降。

在农耕时期，人们发现最快获得土地和财富的方式就是掠夺，进而出现战争。后期随着生产力的发展，交换出现，商业出现，人们意识到有越多活着的人，才能实现更多的交易买卖，获得更多的财富。

在人类文明的发展进程中，商务活动带来交易各方的各得其所，而语言沟通交流的准确顺畅是商务活动成功的基础。作为一名对外汉语教师，我深知语言教学的重要性，也更想尝试对外汉语教学在商务方面的拓展与应用，所以我结合学生需求及多年的商务实践，编写了《实用商务汉语·深圳篇》——从商务出发教汉语。

本书编写的背景是，深圳作为一个窗口城市，有不少外国人来这里工作、学习，由于国内的对外汉语教材主要是以北京为基点编写的，在学习的过程中，学生们发现课本上常常出现的“三鲜馅儿饺子”和费了半天劲学会的“大栅栏儿”这类内容，在他们的实际生活中并无用武之地。我们的祖国地大物博，人口众多，南北差异还是比较大的。基于学生的建议和要求，我编写了这本《实用商务汉语·深圳篇》，在实际教学中试用了六个学期，受到了普遍的欢迎和好评，甚至有学生从武汉、成都、北京慕名而来。他们觉得教学内容生动而实用，有一些并不从事商务活动的韩国、日本女性，也觉得这个教材更贴近她们的实际生活，更能学以致用。教材虽然是“深圳篇”，其实代表了中国一线城市比较典型普遍的商务生活场景，因此它的使用范围不限于深圳。深圳有一句城市口号：“深圳欢迎您！”是的，深圳欢迎您，中国欢迎您！

本教材设计新颖灵活、实用性和可操作性强，适用于初级及中级汉语水平的学习者；同时注重教学内容本土化，让学生能更好地学以致用。

本教材涵盖了基本商务社交礼仪，如接机、餐饮聚会的排位、准备祝酒词、找房子、写简历、面试的实操练习、在中国创业、招聘，还有工作之余一张一弛的休闲旅行，以及参观工厂、制定公司规则、肩负社会责任等。同时，注重训练学生的口语表达、听力以及信息收集整理的能力。在过往几个学期的试用中，受到了商务班学生们的好评。

本教材共十课，每一课包括两篇课文，每篇课文都配有生词、语句理解、练习等内容。课文一以对话的形式，还原真实的场景，呈现外国友人大卫在中国的学习、工作和生活情况，难度较小，适合初级汉语水平的学习者使用；课文二篇幅较长，内容以商务活动为主，同时涉及与商务活动相关的生活内容，难度较大，更适合中级汉语水平或者学习能力较强的学习者使用。对于基础比较薄弱的学习者，也可以先统一学完所有课文一的内容，再回过头来从第一课的课文二开始进阶内容的学习，由易到难，循序渐进，便于掌握。

教材中的生词表编写科学合理，重点收录商务汉语方面及语言方面的生词，配有词性、汉语拼音及英文注释，便于学生理解。语句理解选取课文中的重点语句进行解释，着重讲解句型用法，并给出相应例句。每篇课文的练习第一题都是请学生分享当天的新闻或趣事，有利于学生更好地融入课堂，同时培养信息收集和复述的能力；在教学实践中，我们留意到不少学生虽然已经到了中高级的水平，却还是有发音、声调的问题，甚至学习了两三年后，打个车司机师傅都听不懂他要去哪儿，很有挫败感，所以我们在课文二练习要求学生给课文中画线的生词注音，继续强化语音语调这个对汉语学习者来说一直很重要的事；其他练习由客观题和主观题相结合，涵盖课文语法点相关的听、说、读、写各项技能的训练，有助于学生全方位提高汉语水平。课文二的最后还附有幽默风趣的“会心一笑”小短文，为学习者在学习汉语的过程中带来一些趣味。

使用建议：

1. 建议希望提高商务汉语水平的学习者使用本教材。

2. 建议教学周期为两个学期，每周安排4 ~ 6学时进行教授。由于课文一、课文二的难度不同，教师和学生可根据自身需要和时间安排，灵活调整教学内容和教学顺序，比如先学完所有对话（课文一），再回头从第一课的课文二进行进阶学习，或者逐课学习，对话（课文一）精读，课文二泛读……

3. 建议生词学习以商务活动中的常用词语为教学重点。

4. 建议重点讲解和学习每篇课文后面的语句理解内容。

5. 建议学习者尽可能完成每篇课文的所有练习题。

6. 课堂练习中，如课堂“招聘会”、“拍卖会”、发表祝酒词、“今天我来做导游”等，建议尽量模拟实际情况，提前布置，认真准备，学生的收获会事半功倍。

先后参与本教材的语句理解、生词注释、课后练习等部分编写的还有林美珍、寇正言、钟玉恒、沈子文、赵海、罗煌辉、付潇、陈海燕、邱梓佳。重留明子(日)、黄雨赋为本教材绘制了插图。周永强、李笑通、王翊安和我一起分角色完成了课文音频的录制。黄伟先生为本教材提供了大量摄影作品。感谢杨爱姣教授一路的支持和帮助，特别感谢恩师姜丽萍教授百忙之中的鼓励和指引，感谢人大出版社编辑老师们的严谨和高效。在此对每一位本教材编写、试用过程中给予过帮助、支持的老师和同学们再次表示衷心的感谢！

我在武汉学过汉语。来到深圳大学商务班后，我发现这里的留学生课程完全不一样，教材更有实用性，而且老师讲的内容不局限于教材，这一点让我很满意！

——（美国） 云风

我特别喜欢商务课，我觉得在生活中很有用，而且看新闻、表演对话、聊文章的形式也让课堂气氛不会沉闷。

——（印度尼西亚） 林珍

我以前在北京学习中文。我现在开始慢慢地习惯深圳的生活和学习。商务班的水平高，内容也比较实用，所以我觉得在商务班学习是挺好的选择。同学们也很活跃，教室里的气氛充满活力。还有，我已经面试成功，在一家公司开始兼职的工作了。

——（日本） 三浦

傅蓓元

2022年6月

目录 CONTENTS

第一课 在机场 1

课文一 有朋自远方来，不亦乐乎 1

课文二 难忘的旅途 9

第二课 老外在深圳 20

课文一 万事开头难 20

课文二 来了就是深圳人 29

第三课 面试 39

课文一 骑驴找马 39

课文二 面试的故事 48

第四课 劳逸结合 64

课文一 一张一弛，文武之道 64

课文二 放松身心的团建活动 73

第五课 创业 84

课文一 见贤思齐 84

课文二 我在深圳当老板 94

第六课 参观 105
课文一 知己知彼，百战不殆 105
课文二 华为“007” 116

第七课 酒不醉人人自醉 124
课文一 醉翁之意不在酒 124
课文二 五杯酒 135

第八课 行者无疆 146
课文一 读万卷书　行万里路 146
课文二 行者无疆 159

第九课 我要请假 170
课文一 没有规矩　不成方圆 170
课文二 《员工手册》（节选） 182

第十课 社会责任 194
课文一 赠人玫瑰，手有余香 194
课文二 “小水滴”汇成无国界的爱 205

练习参考答案 218

第一课 在机场

课文一 Text One

有朋自远方来，不亦乐乎

在深圳宝安机场 国际航班楼

阿　龙：（手里拿着一张纸，写着：大卫 深大国际交流学院）大卫！这儿！你总算到了！（迎上去，握手，接过大卫的行李。）

大　卫：阿龙，抱歉让你久等了，因为天气原因飞机晚点了！

阿　龙：没关系！正常的！现在飞机不晚点才奇怪呢，哈哈！

大　卫：阿龙，两年没见，你还是那么幽默！样子也没变。

阿　龙：你倒是瘦了，更帅了！一路上辛苦了！来，咱们往这边走。大门口有机场大巴，也可以打的。你看咱们坐什么车？

大　卫：你刚才是怎么来的？

阿　龙：我坐的机场大巴，每个人只要20元，方便快捷，每隔十几分钟就有一趟车。缺点是不能把乘客送到家门口，沿途只有几个大站，下车后还得另外转乘其他交通工具。

大　卫：那咱们还是打的吧，我行李多，今天时间又晚了。

阿　龙：我也是这么想的。我爸妈在家做了饭，等着给你接风呢。

大　卫：真的？那更要快点了！好久没吃到阿姨做的饭了，我的口水都快流下来了！

阿　龙：哈哈，反正你找到房子之前得先在我家住几天，有的是机会好好儿地品尝我老妈的手艺！

大　卫：这下，我又要胖回去了！

在阿龙家

大　卫：叔叔好！阿姨好！

龙　爸：大卫好！欢迎你再次来到深圳！

大　卫：谢谢！这是给你们的小礼物，不成敬意，请笑纳！

龙　妈：这么客气干吗？你这汉语倒是越来越好了！

大　卫：上次只是停留了很短时间，所以住在酒店里。说实话，深圳干净、现代、充满活力，我这次来，打算多待两年，一边学习一边找个工作，所以打算租房子长住。

龙　妈：来来，到餐厅来。一边吃一边说。你租到房子之前，就先在我们家住着，别客气、别见外啊！

龙　爸：来，坐，大卫，一路辛苦了。

龙　妈：（给大卫夹菜）来，吃菜，大卫。

阿　龙：哟，瞧瞧，大卫倒更像你们的亲儿子了！

龙　妈：呵呵呵，这臭小子，还吃醋了！

龙　爸：这有什么好吃醋的？这叫有朋自远方来，不亦乐乎？

阿　龙：嘿嘿嘿，我知道！开玩笑的！（跟大卫碰杯）大卫，欢迎你！祝你在深圳的日子开心、如意！

大　卫：谢谢谢谢！你们一家就是我在深圳的亲人了！那我先干为敬！

生词 New Words and Expressions

1	幽默	形	yōumò	humorous
2	快捷	形	kuàijié	quick
3	隔	动	gé	at an interval of; every
4	沿途	名	yántú	along the sides of the road
5	另外	副	lìngwài	moreover
6	乘	动	chéng	ride
7	接风	动	jiēfēng	give a dinner of welcome
8	口水	名	kǒushuǐ	saliva
9	手艺	名	shǒuyì	skill
10	见外	动	jiànwài	regard sb. as an outsider
11	吃醋	动	chīcù	envy
12	如意	形	rúyì	as sb. wishes

语句理解 Sentence Comprehension

一、你总算到了！

“总算”，表示某种愿望或者结果最后实现了，一般是经过很长时间，遇到很多困难以后才实现的。例如：

1. 下了这么多天的雨，今天总算天晴了。
2. 这几个月的辛苦没白费，我总算通过HSK（汉语水平考试）6级考试了。

二、反正你找到房子之前得先在我家住几天。

“反正”，表示情况虽然不同而结果并无区别。可与“不管、无论”等配合使用。例如：

1. 你去也好，不去也好，反正我一定要去。
2. 不管他怎么说，反正我不太相信他。

“反正”也可表示坚决、肯定的语气。例如：

你别着急，反正不是什么重要的事情。

三、不成敬意，请笑纳！

纳，接受。“笑纳”是客套话，用于请人收下自己的赠礼。例如：

1. 我也没买什么礼物，这是家乡的一点儿土特产，请笑纳！
2. 这是我亲手缝制的包包，小小礼物，不成敬意，请笑纳！

四、这叫有朋自远方来，不亦乐乎？

“乎”，文言文中常用的语气词，相当于“吗”。“有朋自远方来，不亦乐乎？”出自《论语》，意为有朋友从远方来，不也是很快乐高兴的吗？现在这句话常用来表示对远道而来的朋友表示欢迎，也表示老朋友见面很开心。

五、那我先干为敬！

“先干为敬”是与朋友喝酒时敬酒所说的话，意思是自己先喝完，以表示对对方的敬意。例如：

1. 来，我敬大家一杯，感谢大家对我的关心和照顾。我先干为敬，你们随意。
2. 这是十年后的再次相聚，这杯酒大家一定要干了。我先干为敬。

练习 Exercises

一、课前热身练习：学生们分享当日新闻、趣事

____

____

____

二、熟读下面的句子

1. 抱歉让你久等了。
2. 我爸妈在家做了饭，等着给你接风呢。
3. 有的是机会好好儿地品尝我老妈的手艺！
4. 这是给你们的小礼物，不成敬意，请笑纳！
5. 这么客气干吗？
6. 一路辛苦了。
7. 有朋自远方来，不亦乐乎？
8. 祝你在深圳的日子开心、如意！
9. 那我先干为敬！

三、根据课文内容填空

1. 在深圳宝安机场

阿　龙：大卫！这儿！你____________！

大　卫：阿龙，____________让你久等了，____________飞机晚点了！

阿　龙：没关系！正常的！现在飞机____________呢，哈哈！

大　卫：阿龙，两年没见，你还是那么____________！样子也没变。

阿　龙：你倒是瘦了，更帅了！____________了！来，咱们往这边

走。大门口有____________，也可以打的。你看咱们坐什么车？

2. 在阿龙家

大　卫：______好！______好！

龙　爸：大卫好！欢迎你__________深圳！

大　卫：谢谢！这是给你们的小礼物，______，______！

龙　妈：这么客气______？你这汉语倒是______好了！

大　卫：上次只是______很短时间，所以住在酒店里。______，深圳干净、现代、充满活力，我这次来，______多待两年，______，所以______长住。

龙　妈：来来，到餐厅来。______。你租到房子之前，就先在我们家住着，别______、别______啊！

四、根据课文内容，选择正确的答案

1 阿龙说“正常的！”，意思是“（　　）是正常的”。

A. 天气不好

B. 飞机晚点

C. 大卫让他等了很久

2 大卫和阿龙打算怎么去阿龙家？（　　）

A. 坐机场大巴

B. 乘其他交通工具

C. 坐出租车

3 大卫这次打算在深圳住多久？（　　）

A. 许多年

B. 比上次多两年

C. 两年

五、读句子，注意句子中画线部分的用法

1

抱歉让你久等了，	因为天气原因飞机晚点了！ 路上堵车了！ 家里出了点事。 公司临时要求加班。 我忘了时间。

2

一路上 工作了一天 这些天 这些年 同事们 大家	辛苦了！

3

你们一家就是我在深圳的亲人了！ 感谢大家这些天的工作和努力， 感谢各位那么照顾我妹妹， 感谢老板的栽培，	那我先干为敬！

六、选择恰当的词语或短语填空

接风　反正　见外　倒是　还是　先干为敬　一边……一边

1. “我要敬各位一杯酒——__________！”
2. 妈妈让我不要__________吃饭__________看电视。
3. “你对我这么客气，倒有点__________了。”
4. 大家都认为他一定会去日本。结果他没去，__________他的女朋友去了日本。
5. 他们准备了最好的饭菜，为从美国来的客人__________。
6. 十年没见，你看起来__________那么年轻！
7. 你不去就算了，__________我要去。

七、自由会话

1. 讲述你所熟悉的一种交通工具（或其他），描述它的特性、优点和不足。

____

____

____

2. 课文一中大卫给龙爸、龙妈送了小礼物，如果是你，你会送什么礼物？

____

____

____

八、角色扮演：请模仿课文进行对话

你的家人或朋友从你的国家来深圳，你去机场接机，见面后聊聊吧。

____

____

____

九、实践题

现在你临时决定要去大连，看看你可以订哪个航班几点的机票？为什么？

航班号	出发地	候机楼	预计起飞	实际起飞	目的地	接机楼	预计到达	实际到达	状态
CA3499	深圳	B 区	08:30	09:13	大连		12:14	12:14	到达
SC9829	深圳	B 区	08:30	09:13	大连		12:14	12:14	到达
ZH9829	深圳	B 区	08:30	09:13	大连		12:14	12:14	到达
CZ3677	深圳	A 区	09:45	09:58	大连		12:58		起飞
CA3497	深圳	B 区	13:30		大连		14:40		延误
SC9887	深圳	B 区	13:30		大连		14:40		延误
ZH9887	深圳	B 区	13:30		大连		14:40		延误
CZ6326	深圳	A 区	13:30		大连		18:10		计划
HU7717	深圳	A 区	14:35		大连		19:15		计划
CA8932	深圳	B 区	18:05		大连		21:20		计划
CZ6328	深圳	A 区	19:20		大连		23:55		计划

课文二 Text Two

课文二音频

难忘的旅途

在多年的职业生涯中，我常常觉得老师和教室就像是一列行驶的火车，而我的学生们则是列车上的旅客。来了、走了，上车、下车……他们背景不同，性格各异，每个学生本身也成了这条教学之路的风景，每个人都有着自己的故事。

杰克的身份有些复杂。他是在俄罗斯读书的土耳其裔美国人。他父母有11个孩子。17岁那一年，他没有考上土耳其的大学，但是得到了去俄罗斯读书的机会。第一个学期结束的时候，他很想家，于是他决定回家。没有钱，不能坐飞机，他就坐了几天几夜的火车，然后要转长途汽车。汽车到来之前，他得等上一夜。没钱住酒店，他就在外面的长椅上熬了一宿。那一夜很难熬，更难熬的是上了长途汽车后，因为已经几天几夜没有洗澡，身上的气味一定非常可怕，所以他一直担心坐在自己旁边的乘客会受不了。从俄罗斯大学毕业后他又辗转去了美国，然后来了中国。他不太合群，不过学习、工作都有条不紊。他有了一个中国女朋友，养了一对可爱的小鸟。他说未来想去意大利的一个小镇上生活，那里漂亮安静，而且东西不贵。

阿杜是个土耳其男孩，是班上的忧郁王子。说他是王子，因为他确实有那样的气质和派头。他考大学的时候是100万人中的第2000名。他从小没有妈妈。同乡说他父亲的土地有从福田到罗湖那么大！大家哈哈大笑，觉得太夸张，结果他说是真的，“不过我们的地没这么值钱”。他喜欢美食，更喜欢招呼同学、朋友们一起去分享美食。但很少分享自己的故事。只有一次，他跟我说起他的初恋，他说他在一个偶然的机会见到了那个女孩子，一下子就爱上了她，于是他的哥们儿给他帮忙制造巧合，让他跟那个女孩儿在咖啡馆相遇。他们很快坠入了爱河，那是他有生以来最幸福的时光。可是幸福在那一年的暑假戛然而止。他突然怎么也联系不上那个女孩儿了。想尽办法之后，他找到了女孩儿的家。女孩儿哭着说，妈妈坚决不同意我们在一起，你爱我就永远不要再见我。阿杜很爱笑，可是笑的背后总有一点儿无力。

直树是个20岁左右的日本男孩儿，他长得非常帅。直树永远安安静静地坐在教室的最后面，黑黑的头发简单地扎成一个马尾。他说他小的时候不太喜欢学习，直到五岁那一年，他看到了一本中国的小说《三国演义》，从此一发不可收拾，迷上了关羽。也从此只学习跟关羽和三国有关的东西。我惊讶地问他：这在日本做得到吗？你的妈妈也不反对吗？他说：可以的，不管在家里还是学校，我就只学习跟三国有关的内容。他就这样完成了小学、中学的学业，一直到大学。我既惊讶也感动，不知道这是如何做到的，又有多少人为这个有些特别的孩子付出了额外的努力。直树的成绩很不错。有一天，他说他要请一天假去成都，拜武侯祠。我提醒他，一天往返会很辛苦。他一如既往地话少，说：一定要去的。请放心。后天回来上课。

来自韩国的美琪，50岁左右。她的老公来深圳工作，所以她和儿子也一起来了。刚来的时候，她一个汉字也不会说，老公工作又忙，她举目无亲，寸步难行，为此那段时间经常跟老公吵架。有一次大吵一架后，她下定决心来深圳大学学习汉语。只要是老师提的要求，哪怕是随口说的一句：大家试试把对话背下来，第二天班里能够把全课背下来的一定有她。学习汉语不到四个月的时候，她跟我讲了一件事：有一天她孩子踢球把腿弄伤了，老公又不在，她就赶紧带儿子去了医院。在医院里，医生问孩子的姓名、怎么弄伤的、伤后处理的情况以及现场给孩子诊断的情况，等等，她都能听得懂，并且及时对答……离开医院的时候，她那个正处于青春期经常看不上老妈的儿子突然说："妈妈，我不知道原来短短几个月里，你的汉语竟然这么好了！可以带我来中国的医院看病！”美琪说：“为母则刚。”儿子说：“我真佩服你，谢谢！” 美琪感动得一塌糊涂。

卡丽是一个泰国人。跟很多人不同的是她的身份。她在商务班学习了好几个学期。每次有新同学来要做自我介绍，她都会告诉大家，我是一个保姆。她的雇主是被派到深圳的一个泰国银行高管。卡丽帮忙照顾她的女儿。卡丽40多岁，瘦瘦小小的。她自己没结婚没孩子，对雇主的孩子视若己出。卡丽很喜欢照顾别人，她从小的理想就是当护工。卡丽的性格活泼开朗，她跟雇主的关系很好，她说每个月她都要帮小孩的妈妈烫一次从英国买回来的高级套装。“可是她从来不穿那些套装，她只穿淘宝买回来的衣服。有时候码数不对，就送给我。可是英国的衣服还是要烫！”卡丽学习很认真。她若请假，只会因为一个理由：雇主的孩子需要她。由于她用心地工作，雇主不仅帮她付学费，还教给她一些理财的知识。在卡丽跟着我学习的第五个学期，她告诉我，她在老家买了一大块地，用来投资。

大卫是个瑞典人。他心目中的英雄是他的父亲。他的父亲高高大大，但是双眼失明。他说爸爸独立又勇敢。而在同学和老师们的眼中，大卫自己就是这样一个完美的人。他沉稳帅气，阳光开朗，学习认真，成绩斐然。他不仅自己努力，也热心帮助别人。对各种话题都有自己的见解。会说好几种语言。对世界的种种，他都尽量保持冷静客观的评价。和很多汉语学得好、想争取留在中国工作的留学生不一样，大卫一学完就回瑞典了，因为那边有工作在等着他。

学期结束，学生们送给老师的手绘卡片

所谓教学相长，在这一路前行的教学生涯中，我的学生们不仅带我领略了各国的风情、文化，更让我从他们身上见证和学习了自立、乐观、专注、善良、坦荡、勤勉，这些人类最美好的品质。

生词 New Words and Expressions

1	旅途	名	lǚtú	the journey
2	职业生涯	名	zhíyèshēngyá	professional career
3	性格各异		xìnggégèyì	different personalities
4	难熬	形	nán'áo	difficult to endure
5	受不了		shòubùliǎo	cannot stand sth.
6	辗转	动	zhǎnzhuǎn	on the move; toss about (in bed)
7	合群	形	héqún	get along well with others
8	忧郁	形	yōuyù	melancholy
9	值钱	形	zhíqián	valuable
10	巧合	形	qiǎohé	coincident
11	《三国演义》	名	sānguóyǎnyì	*Romance of the Three Kingdoms*
12	额外	形	éwài	extra
13	往返	动	wǎngfǎn	go somewhere and back
14	寸步难行		cùnbùnánxíng	be difficult for sb. to move a single step
15	诊断	动	zhěnduàn	diagnose
16	及时	副	jíshí	in time
17	看不上		kànbúshàng	look down upon; dislike
18	佩服	动	pèifú	admire
19	一塌糊涂		yítàhútú	overwhelmed; in a complete mess
20	保姆	名	bǎomǔ	babysitter
21	雇主	名	gùzhǔ	employer
22	高管	名	gāoguǎn	senior executive
23	护工	名	hùgōng	nursing workers
24	理财	动	lǐcái	manage money
25	投资	动	tóuzī	invest
26	失明	动	shīmíng	go blind
27	独立	形	dúlì	independent
28	评价	动	píngjià	evaluate
29	风情	名	fēngqíng	local customs and practices

语句理解 Sentence Comprehension

一、第一个学期结束的时候，他很想家，于是他决定回家。

“于是”表示后一事承接前一事，后一事往往是由前一事引起的。可以用在主语后面。例如：

1. 回宿舍的路上突然下雨了，于是我们都撑起了伞。
2. 保姆发现家里的狗不见了，于是报警求助。

二、他看到了一本中国的小说《三国演义》，从此一发不可收拾。

“一发”指更加。“不可收拾”指发生的事情或情况难以控制。“一发不可收拾”指一件事情发展势头很猛，无法控制，不可阻挡。例如：

1. 在这样的经济环境下，美元的下跌会一发不可收拾。
2. 他对她的爱就像潮水，一发不可收拾。

三、不管在家里还是学校，我就只学习跟三国有关的内容。

“不管……还是……”为一组连词，表示在任何条件或情况下，某种行为和状态都不会改变。例如：

1. 不管明天是晴天还是下雨，我们都得去徒步。
2. 不管老师在还是不在，我们都要认真读课文。

四、只要是老师提的要求，哪怕是随口说的一句……

“哪怕”为连词，表示让步，相当于“即使”。例如：

1. 哪怕上刀山下火海，我也要试一次。
2. 他很爱他的狗，哪怕自己穷得吃不上饭，也要给狗买吃的。

五、为母则刚。

“为”表示做；“则”是连词，表示因果关系；“刚”表示坚强。女人有了孩子以后，出于母爱天性，可以应对很多困难。例如：

1. 女子本弱，为母则刚。

2. 她做手术的时候选择了不打麻药，因为担心麻药会伤害她肚子里的孩子，真是为母则刚！

六、她自己没结婚没孩子，对雇主的孩子视若己出。

“视”表示看待，“若”表示好像，“己”表示自己，表示对待其他人像对待自己的亲生子女那样。例如：

1. 他们对那个领养的孩子视若己出。

2. 她读中学时在城里舅舅家寄宿的那几年，舅妈对她很好，视若己出。

七、雇主不仅帮她付学费，还教给她一些理财的知识。

“不仅……还……”为一组连词，“不仅”表示“不止、不但”，“还”表示意义更深、帮助更大或更重要。例如：

1. 医生说，他不仅需要吃药，还要打针。

2. 我们不仅要提高生产的速度，还要提高产品的质量。

八、和很多汉语学得好、想争取留在中国工作的留学生不一样，大卫一学完就回瑞典了。

“一……就……”为一组连词，表示一件事紧接着另一件事发生。例如：

1. 他一回家就上床睡觉了。

2. 玛丽一到公司就给我打电话了。

练习 Exercises

一、课前热身练习：学生们分享当日新闻、趣事

____

____

____

二、根据课文录音给课文中画线的生词加上拼音

旅途	《三国演义》	雇主 ....
职业生涯	额外	高管 ....
性格各异	往返	护工 ....
难熬	寸步难行	理财 ....
受不了	诊断	投资 ....
辗转	及时	失明 ....
合群	看不上	独立 ....
忧郁	佩服	评价 ....
值钱	一塌糊涂	风情 ....
巧合	保姆	

三、根据课文内容判断正（√）误（×）

1. “我”觉得学生像列车，老师和教室像乘客。（　　）
2. 杰克回家没有坐飞机，他坐了火车和长途汽车。（　　）
3. 阿杜对女孩儿一见钟情。（　　）
4. 直树不管在家里还是在学校，都只学习有关《三国演义》的知识。（　　）
5. 美琪的儿子一直都很佩服她。（　　）
6. 大卫学完汉语就留在中国工作。（　　）

四、根据课文内容，选择正确的答案

1 作者觉得学生们像什么？（　　）

A. 火车

B. 列车

C. 旅客

2 杰克在哪上的大学？（ ）

A. 土耳其

B. 俄罗斯

C. 美国

3 回家的路上，让杰克最难熬的是什么？（ ）

A. 他坐了几天几夜的火车

B. 他没钱住酒店，在外面的长椅上熬了一夜

C. 他几天几夜没洗澡，身上气味难闻，担心旁边的乘客受不了

4 阿杜的幸福为什么戛然而止了？（ ）

A. 那个女孩儿搬家了

B. 那个女孩儿由于家庭原因不能和他相爱了

C. 他怎么也联系不上那个女孩儿了

5 关于阿杜，以下哪个选项是正确的？（ ）

A. 阿杜的学习成绩很差

B. 女孩儿跟阿杜分手后，阿杜很难过

C. 阿杜经常跟我们分享故事和美食

6 关于直树，以下哪个选项是错的？（ ）

A. 直树天生就喜欢学习

B. 直树的妈妈不反对直树学习《三国演义》

C. 直树请了一天假去拜武侯祠

7 刚来深圳的时候，美琪为什么“寸步难行”？（ ）

A. 她的腿受伤了

B. 她跟老公经常吵架

C. 她不会说汉语

8 美琪的儿子为什么佩服她？（ ）

A. 美琪在深圳找到了工作

B. 她在短短几个月内汉语进步很大

C. 美琪能够背诵全课

9 卡丽的雇主为什么帮她付学费？（　　）

A. 卡丽用心努力地工作

B. 卡丽学习过理财知识

C. 卡丽在老家买了一大块地用来投资

10 大卫为什么和很多汉语学得好的留学生不一样？（　　）

A. 他沉稳、帅气，阳光开朗

B. 他学习认真，成绩斐然

C. 他一学完就回国了

五、选择恰当的词语或短语填空

难熬	额外	巧合	及时	佩服	失明	受不了	寸步难行
一塌糊涂	不管……还是……	一……就……	不仅……还……				

1. 去年，他出了一场很严重的车祸，所以__________了。

2. 这段时间太__________了，我要工作又要上学，每天都只能睡四五个小时。

3. 要不是他__________提醒我今晚开会，我就忘记这回事儿了。

4. 你必须参加这次会议，__________你有时间__________没时间。

5. 他们两个人分手之后，他的生活过得__________。

6. 这次旅行，公司帮我们付钱，我们不用__________付钱。

7. 杰克来机场接我，我__________下飞机__________见到他了。

8. 她特别不爱干净，她房间里的味道真让人__________。

9. 现在的手机__________可以打电话__________能上网。

10. 回家的时候遇到下班高峰期，路上的车堵得__________。

11. 他学了两个月就通过了 HSK 4级，我太__________他了！

12. 昨天，我在咖啡厅遇到了他，今天我又在餐厅见到了他，我觉得这不是__________，是他在跟踪我。

六、根据课文回答问题

1. 杰克为什么担心坐在自己旁边的乘客会受不了？

2. 为什么说阿杜是班上的"忧郁王子"？

3. 作者为什么对直树的经历感到惊讶和感动？

4. 美琪的儿子为什么佩服她？

5. 在老师和同学们眼中，大卫是个怎样的人？

6. 什么是教学相长？

七、读句子，注意句子中画线部分的用法

1

我觉得没有工作的时候， 我觉得一个人在外地生病的时候， 我觉得刚开始创业的时候， 我觉得和女朋友分手的时候，	最难熬。

2

我最受不了	室友一周不洗澡。 他的坏脾气。 深圳7月份的天气，太热了！ 臭豆腐的味道。

3

我的老板 我的妈妈 我的汉语老师 那个球星	让我很佩服。

4

在我最困难的时候，我的老师 在我生病的时候，那个医生 在我伤心的时候，我的朋友	及时帮助了我。

5

我最看重一个人诚信 我最看重员工努力	的品质。

八、根据提示，尝试复述杰克的故事

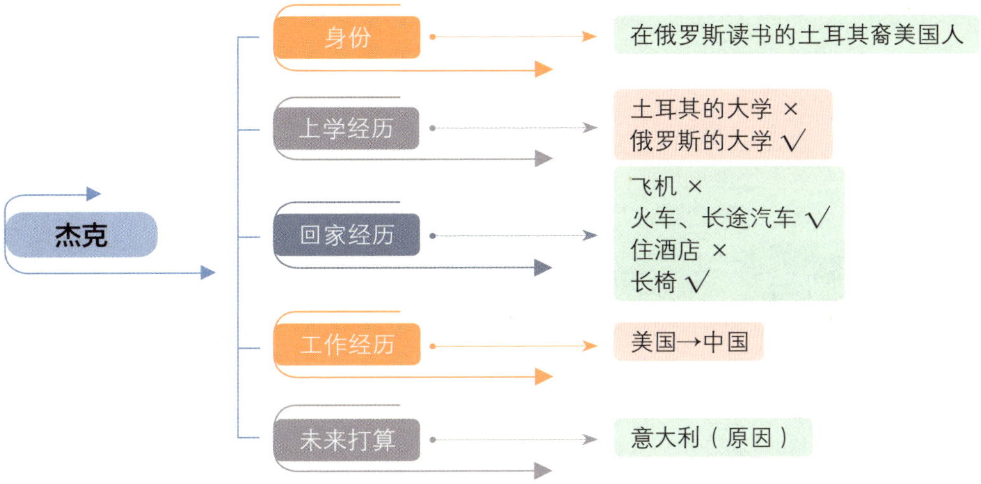

九、小练笔

人生就像一次旅行，总有一些景色令人记忆深刻。请你结合自身经历，讲述一次令你难忘的经历。（300 ~ 500 字）

会心一笑

安全带和钱袋

飞机上，一位乘客问邻座：“刚才机长说什么？”

邻座回答：“机长说，拉斯维加斯就要到了，请大家系好钱袋。”

第二课　老外在深圳

课文一 Text One

课文一音频

万事开头难

阿龙家餐厅

大　卫：阿姨，早！

龙　妈：啊？！大卫，你怎么这么早就起来了？多睡会儿啊，你还得倒时差呢！

大　卫：倒时差最好的方法就是白天尽量让自己忙起来，这样晚上就可以正常入睡了。我帮您做早餐吧？

龙　妈：哎呀，不用。你叔叔说今天请你去茶楼喝早茶，所以不用做早餐，我随便收拾收拾。

大　卫：真的？太好了！早茶的点心品种多，又好吃！那我就不客气了！吃完了，我正好顺便去趟银行，再去房屋中介那儿看看。要处理的事情好多，我都有点儿头大呢！

龙　妈：别急！万事开头难！回头让阿龙陪着你，一件事儿一件事儿地办，慢慢就理顺了。

大　卫：嗯，我知道了。对了，叔叔呢？

龙　妈：他呀，去公园锻炼身体去了。几十年了，雷打不动、风雨不改。

大　卫：中国的老人好像特别注意锻炼身体，不管哪个城市哪个公园，每天早上都有很多晨练的人。

这在别的国家可不多见。

龙　妈：也算是一种文化了。对了，你去把阿龙那个懒虫叫起来吧。

在茶楼

龙　爸（拿着点心单）：来，大卫，看看你有什么特别想吃的。

大　卫：不了，叔叔，我不用看了。除了狗肉，我什么都吃。而且，不瞒您说，虽然我的汉语口语还行，但认汉字我还有困难，很多字都看不懂。

阿　龙：我记得你喜欢春卷和虾饺。

大　卫：对！阿龙记性真好！对了，外国人在银行开户，有什么特别的要求吗？

阿　龙：我也不是特别清楚。好像只要带有效出入中国的证件，比如护照什么的，就可以办了。不过可以打电话问。打12345政务服务热线，什么都可以问。上网查、直接去银行问都行，反正人家说深圳的银行比米铺还多，很方便的。

大　卫：那好。

龙　妈：点心都上来了，先吃东西吧。

大　卫：好。等下吃完，我还想去房屋中介那儿问问房子的事。听说现在房子都很贵了？

龙　妈：是啊！这几年房价疯涨。

龙　爸：不过租房子相对划算一些，价格也还算合理。房屋中介比银行的网点还多，看房子也方便。

大　卫：中介收费贵吗？

阿　龙：一般是出租方和租户分别付月租金的一半，有时候也可以讲讲价。

龙　爸：你最好先定下来在哪个区住，再到附近的楼盘找中介，这样有的放矢，效率会高很多！

大　卫：哦，那我明白了。我想先住在深圳大学附近，这样上课方便些。

龙　妈：那干吗不直接住深大的学生宿舍呀？

大　卫：我也想啊！可深大的留学生越来越多，宿舍太抢手了，我没预订到。听说以后会盖新的留学生大楼。

龙　爸：哦，那可不是一天两天的事。吃完饭，还是先找房子吧。

阿　龙：爸妈，待会儿你们先回去。我陪大卫到处转转，也让他熟悉一下深圳的公共汽车、地铁什么的，他好知道以后怎么坐车。

生词 New Words and Expressions

1	时差	名	shíchā	jet lag
2	尽量	副	jǐnliàng	try to
3	品种	名	pǐnzhǒng	variety
4	顺便	副	shùnbiàn	by the way
5	中介	名	zhōngjiè	agent
6	处理	动	chǔlǐ	deal with
7	理顺	动	lǐshùn	put sth. in order
8	懒虫	名	lǎnchóng	lazybones
9	春卷	名	chūnjuǎn	spring roll
10	虾饺	名	xiājiǎo	shrimp dumpling
11	记性	名	jìxing	memory
12	开户	动	kāihù	open an account
13	有效	形	yǒuxiào	valid
14	相对	副	xiāngduì	relatively
15	划算	形	huásuàn	be to one's profit
16	网点	名	wǎngdiǎn	outlets
17	租户	名	zūhù	tenant
18	楼盘	名	lóupán	building
19	有的放矢		yǒudìfàngshǐ	do sth. with a purpose
20	效率	名	xiàolǜ	efficiency
21	抢手	形	qiǎngshǒu	be in hot demand

语句理解 Sentence Comprehension

一、要处理的事情好多，我都有点儿头大呢！

“头大”，意指头昏脑涨，发愁。形容事情让人为难或令人讨厌、害怕。例如：

1. 妈妈非要我春节带个女朋友回家，我真有点儿头大啊！
2. 遇到一个这样不讲理的司机可真是头大。

二、几十年了，雷打不动、风雨不改。

“雷打不动”，碰到雷打也不动摇。形容态度坚定，不可动摇；也形容严格遵守规定，决不变更。“风雨不改”，遇到风雨也不更改。比喻处于恶劣环境中也不改变。本文用“雷打不动、风雨不改”说明一个人坚持做某事，意志坚定。例如：

1. 他坚持参加社区的各项活动，雷打不动、风雨不改。
2. 他有一个几十年雷打不动、风雨不改的习惯，就是每天晚上看报。

三、不管哪个城市哪个公园，每天早上都有很多晨练的人。

“不管……都……”，表示在任何情况和任何条件下，结果都不变。例如：

1. 不管汉语多难，我都要学下去。
2. 不管是优点还是缺点，我都想听。
3. 不管你怎么说，他都不会去的。
4. 不管价钱贵不贵，他都坚持要买。

四、不瞒您说，虽然我的汉语口语还行，但认汉字我还有困难。

“瞒”，隐瞒，不让别人知道。“不瞒您说”，用在句子的开头，意为“说实话”。例如：

1. 不瞒您说，我一直有在中国做生意的打算。
2. 不瞒您说，我交了几个中国朋友以后，汉语口语比以前好多了。

五、那干吗不直接住深大的学生宿舍呀？

“干吗”，用于口语，意思是“干什么”“为什么”。常用于询问原因或目的，有时采用反问句的形式。例如：

1. A：张平，你过来一下好吗？
   B：干吗？
2. 刚才你干吗去了？
3. 这么好的机会，你干吗不去？

练习 Exercises

一、课前热身练习：学生们分享当日新闻、趣事

____
____
____

二、根据课文内容填空

1. 阿龙家餐厅

龙妈：啊？！大卫，你怎么这么早就起来了？多睡会儿啊，你还得______呢！

大卫：倒时差最好的方法就是白天______忙起来，这样晚上就可以______了。我帮您做早餐吧？

龙妈：哎呀，不用。你叔叔说今天请你______，所以不用做早餐，我随便______。

大卫：真的？太好了！早茶的点心______多，又______！那我就______了！吃完了，我正好______去趟银行，再去______那儿看看。要处理的事情好多，我都有点儿______呢！

龙妈：别急！______！回头让阿龙陪着你，______地办，慢慢就______了。

2. 在茶楼

龙妈：点心都上来了，先吃东西吧。

大卫：好。等下吃完，我还想去______那儿问问房子的事。听说现在房子都很贵了？

龙妈：是啊！这几年房价______。

龙爸：不过租房子相对______，价格也还算______。房屋中介比______还多，看房子也方便。

大卫：中介收费贵吗？

阿龙：一般是______和______分别付月租金的一半，有时候也可以______。

龙爸：你最好先定下来在哪个区住，再到附近的楼盘找中介，这样______，效率会高很多！

三、写出与下面的意思相符合的词语

1. 产品的种类：__________
2. 趁做某事的方便（做另一件事）：__________
3. <口>懒惰的人（骂人或诙谐的话）：__________
4. 比较地：__________
5. 合算，费人力物力较少而收效较大：__________
6. 对准靶子射箭，比喻言论、行动目标明确：__________

四、根据已给出的特点和功能，为下面每个场所选择对应的名称。在你们国家有类似的场所吗？请介绍一下

银行　　茶楼　　房屋中介

1. 提供茶水、小吃、糕点的地方。（　　）

2. 提供房地产买卖、租赁、互换代理业务的有偿服务业。（　　）
3. 提供存款、贷款、汇兑、储蓄等业务的金融机构。（　　）

五、读句子，注意句子中画线部分的用法

1

我觉得在网上买电脑比较 我觉得在电脑专卖店买电脑比较 我觉得在二手市场买电脑比较	划算。

2

现在外观好看的手机 现在性能好的手机 现在拍照功能好的手机	最抢手。

3

我用多睡觉的方法 我用白天不睡觉的方法 我用让自己忙起来的方法	倒时差。

4

第一次讲价我用直接离开的方法 第一次讲价我用重定价格的方法	讲价。

5

在我的国家办理银行开户需要带	身份证。 护照。 保险单。

6

我觉得用阅读的方法学汉语 我觉得白天不睡觉倒时差 我觉得跟朋友一起学汉语 我觉得在中国学汉语	最有效率。

六、用自己的话解释这些短语或句子，最好能结合自己的切身经历

1. 万事开头难。

____

2. 有的放矢。

____

3. 雷打不动，风雨不改

____

七、根据提示填空

例：“来，大卫，看看你有什么特别想吃的。”（想吃的东西）

1. 她喜欢那件红色的衣服，但我喜欢那件__________。（白色的衣服）
2. 那只跑得慢的狗叫宝宝，那只__________叫贝贝。（跑得快的狗）
3. 我的朋友开了一家书店，他是个__________。（卖书的人）
4. 我和哥哥都是商人。我们都是__________。（做生意的人）
5. 大卫喝的是可乐，__________是咖啡。（我喝的饮料）
6. 除了这些东西，你还有什么__________吗？（特别喜欢的东西）

八、把括号中指定的词语放在句中合适的位置上

例：这A在别的国家B不多C见。（可）

1. 去那家书店吧！那里A什么B书C有。（都）
2. 打12345政务服务热线，什么A可以B问C。（都）
3. 你有A特别B想看的电影C吗？（什么）
4. 这家酒店A必须B预订C，才能有房间住。（先）
5. 我喜欢这家酒店。这里的房间又大又舒适，A价格B很合理C。（也）

九、选择恰当的词语或短语填空

也　对了　有的放矢　不瞒你说　万事开头难　先……再……
可不是一天两天的事　雷打不动，风雨不改

1. 甲：我想用汉语流利地和客户交谈。

乙：你目标很明确，这样__________，学习效果一定会很好。但是学习一种语言__________，你得__________学发音，__________学语法，而且你最好坚持每天都学习。

甲：嗯，我知道了。我一定每天都练习说汉语，__________。

2. 甲：我觉得汉语太难了！有时候真让人头大。__________，我都想放弃了。

乙：__________，坚持一段时间慢慢就好了。

甲：那我就再坚持一段时间吧！__________，学汉语有没有什么秘诀？

乙：嗯……看中文电影其实是个比较轻松又有效果的方法。另外，我觉得交个中国朋友，常和他聊聊天__________不错！

十、小调查

请自拟问卷，调查深大附近或你家附近的餐馆，列举几家，向大家分析介绍它们的特点、现状以及发展前景。

课文二 Text Two

课文二音频

来了就是深圳人

深圳有一句城市口号，“来了就是深圳人”。这句话充分展示了深圳真正的包容与开放。

过去40年间，深圳GDP（国内生产总值）从1.69亿元增长至2.69万亿元，增长超万倍。2000年深圳市GDP首超天津，位居全国第四并成功跻身全国一线城市；2017年超越广州排名全国前三；2018年深圳市GDP突破2.4万亿元，首次超越香港，问鼎粤港澳大湾区经济总量桂冠。同时，深圳的生态环境也得到了高水平的保护，截至2019年底，深圳绿化覆盖面积达10.18万公顷，建成区绿化覆盖率43.40%。2019年末，深圳有公园1090个，城市污水处理率97.72%，生活垃圾无害化处理率100%，有16000辆电动巴士。

人口代表了城市发展的潜力，深圳市2019年底常住人口为1343.88万，近10年增长了88.32%，全国领跑。作为全国最年轻的城市，深圳常住人口平均年龄仅32.5岁，五湖四海的人们选择来此工作、生活，不少老外也在深圳这座城市里，体味着生活的酸甜苦辣。

徐老板来自韩国，他身材瘦小，一点儿也不符合韩剧里典型帅哥的形象。他是个生意人，真性情，喜欢喝酒，常去酒吧。四十多岁的人了，酒后还会跟人打架，甚至受伤。但是他不把这个定义为哪国人打了哪国人，而是跟大家解释：喝了酒以后，全世界的人都一样，可能会打架！他有时开着一辆最新款的奔驰跑车招摇过市。“我去过37个国家，可是来到深圳以后，我打算在这里度过我的余生。”不久，他又把一双十多岁的儿女接来深圳学习。

来自日本的明子是个骨子里非常安静的人。她说自己像爸爸，小的时候同学们下课一起玩闹的时候，明子永远安安静静地坐在座位上画画，或者看书。有一次我让学生们用一个词总结刚刚过去的周末，明子的词是"浪费"，"浪费时间，浪费钱"。她说这个周末作业很多，周六一早起来准备做作业，拿出课本后打开手机想看看作业的要求，结果看到了有意思的小视频……等她放下手机的时候，已经是中午了！她的心里懊恼极了："浪费了时间！"老公过来问她怎么没有准备午饭，明子感到惭愧，只好出去吃。老公选了一个意大利餐厅，点了重口味的牛排和其他的菜。买单的时候，明子给钱，"500块！这么贵！浪费了钱！"

2019年，崔祯带着孩子跟随老公来到深圳。来之前，她对深圳的新生活充满了向往："到深圳后，孩子们可以读国际学校，交各国的朋友。我自己可以上午上课，中午去香港吃个午餐，逛逛街，下午再回到家里，准备晚饭，迎接老公和孩子们。"可现实是，因为疫情的缘故，孩子们有段时间只能在家上网课。她每天不仅要看着他们上网课，还要从早到晚伺候一日三餐。而且因为每天被困在家里，两个孩子常常互相吵闹厮打，"家里就像战场一样！"至于香港的午餐，"虽然地图上很近，可我来了才知道，就算没有疫情，往返一趟也要几个小时。我的梦想成了幻想，而且是破灭了的幻想。"

拉雅有国际瑜伽教练证书，她是个印度美女。"老师，我真喜欢你的课！我希望我的瑜伽学生也能这么喜欢我。"拉雅每天天亮之前要醒来，打坐冥想，为家里的每一个人祈祷，天天如此。她有一个两岁的孩子，妈妈从印度来帮她照顾。此外，印度好像有无数个节日，而每一个节日她都兴高采烈地做五颜六色的甜食，穿着鲜艳的纱丽带甜食到教室里来跟大家分享。拉雅还参加了深圳的印度人舞蹈队，经常到各个广场去表演。

安娜是典型的乌克兰美女，瘦瘦高高的。她的老公是篮球教练，所以他们的儿子不出所料，也长得修长、清秀，三岁就被选中做了童装模特。为此，她要经常带着孩子往返广州、深圳。所谓模特这种工作，外人看着风光，其实很多时候是非常枯燥乏味的，何况是对一个那么小的孩子，还一拍就大半天，其中不知道妈妈付出了多少努力。有一个周末，连续两天的拍摄之后，他们要赶回深圳，却错过了最后一班火车。极度的疲劳、长期的压力，绝望之下，安娜在深夜的车站搂着孩子大哭。

千寻，这是我看了宫崎骏的《千与千寻》后第一次在现实中见到这个姓。尽管千寻已经年近五旬，是三个孩子的妈妈，我还是感觉每次见到这个名字，都充满了动漫和诗意的温柔。千寻要来上课，要工作，还要照顾三个孩子，包揽所有家务，而且要辅导孩子们的功课。千寻唯一发脾气的表达就是：“在我太忙、太累的时候，孩子们来问功课，我会说：去！找你们的爸爸！”千寻不仅名字有诗意，她还真的会写诗。这是她到中级班的第一次作业，我给了她A+。

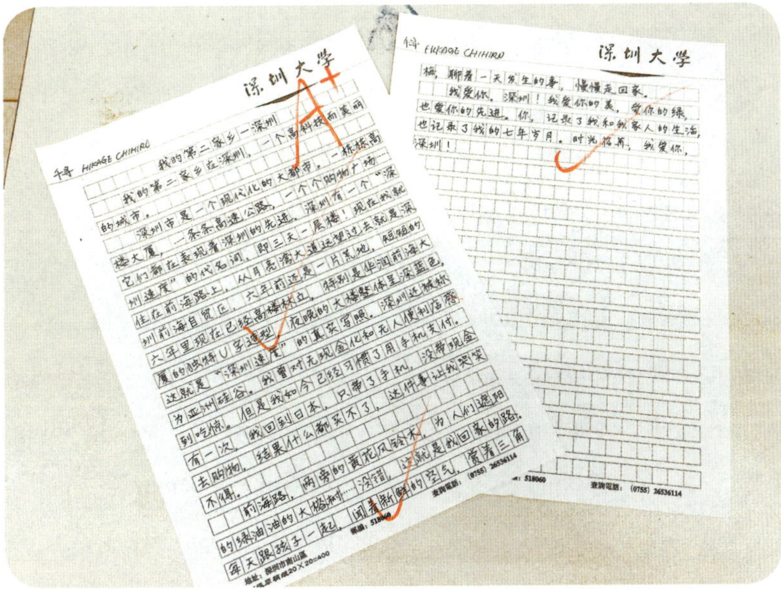

生词 New Words and Expressions

1	桂冠	名	guìguān	laurel
2	生态环境		shēngtàihuánjìng	ecological environment
3	覆盖	动	fùgài	cover
4	公顷	量	gōngqǐng	hectare
5	潜力	名	qiánlì	potential capacity
6	平均	形	píngjūn	average
7	五湖四海		wǔhúsìhǎi	from all corners of the country
8	招摇过市		zhāoyáoguòshì	swagger through the street
9	懊恼	形	àonǎo	annoyed
10	重口味		zhòngkǒuwèi	extreme taste
11	伺候	动	cìhou	serve
12	幻想	名	huànxiǎng	fantasy
13	瑜伽	名	yújiā	Yoga
14	冥想	名	míngxiǎng	meditation
15	兴高采烈		xìnggāocǎiliè	rapture
16	纱丽	名	shālì	sari
17	分享	动	fēnxiǎng	share
18	所谓	形	suǒwèi	what is called
19	风光	形	fēngguāng	dignity
20	枯燥	形	kūzào	boring
21	乏味	形	fáwèi	dull
22	何况	连	hékuàng	what is more; let along
23	宫崎骏	名	gōngqíjùn	Miyazaki Hayao
24	《千与千寻》	名	qiānyǔqiānxún	*Spirited Away*
25	包揽	动	bāolǎn	undertake the whole thing
26	发脾气		fāpíqi	lose one's temper
27	诗	名	shī	poem

语句理解 Sentence Comprehension

一、2018年深圳市GDP突破2.4万亿元，首次超越香港，问鼎粤港澳大湾区经济总量桂冠。

“粤港澳大湾区”是由香港、澳门两个特别行政区和广东省广州、深圳、珠海、佛山、惠州、东莞、中山、江门、肇庆九个珠三角城市组成的世界级城市群。例如：

1. 深圳是粤港澳大湾区的主要城市之一。
2. 粤港澳大湾区在广东乃至中国经济中发挥着越来越大的作用。

二、他是个生意人，真性情，喜欢喝酒，常去酒吧。

“真性情”表示性格直爽，内心善良，待人真诚，有正义感。例如：

1. 她待人直爽，是个真性情的老板。
2. 他的真性情为他带来了好人缘。

三、明子是个骨子里非常安静的人。

“骨子里”比喻内心或实质上。例如：

1. 她表面上好像冷淡，骨子里是又殷勤，又善良。
2. 他骨子里就有股不认输的劲儿。

四、来之前，她对深圳的新生活充满了向往。

“对……充满了向往”，表示对某事非常期待、向往。例如：

1. 我对美丽的三亚充满了向往，我计划下个假期去三亚旅行。
2. 他对他的新工作充满了向往。

五、虽然地图上很近，可我来了才知道，就算没有疫情，往返一趟也要几个小时。

“就算……也……”，是一组连词，表示一种假设。例如：

1. 就算他今天没上班，也没时间来接你。
2. 如果不能灵活运用，就算学富五车，也还是读死书。

练习 Exercises

一、课前热身练习：学生们分享当日新闻、趣事

____

____

____

二、根据课文录音给课文中画线的生词加上拼音

桂冠 …………	重口味 …………	风光 …………
生态环境 …………	伺候 …………	枯燥 …………
覆盖 …………	幻想 …………	乏味 …………
公顷 …………	瑜伽 …………	何况 …………
潜力 …………	冥想 …………	宫崎骏 …………
平均 …………	兴高采烈 …………	《千与千寻》 …………
五湖四海 …………	纱丽 …………	包揽 …………
招摇过市 …………	分享 …………	发脾气 …………
懊恼 …………	所谓 …………	诗 …………

三、根据课文内容判断正（√）误（×）

1. 深圳是中国最年轻的城市。（　　）
2. 明子没能完成作业是因为周末作业很多。（　　）
3. 崔祯发现就算没有疫情，从深圳往返香港也需要很长时间。（　　）
4. 拉雅要回印度去照顾她两岁的孩子。（　　）
5. 安娜儿子的模特工作，别人看起来风光，但实际上很辛苦。（　　）

四、根据课文内容，选择正确的答案

1 深圳的GDP超越哪个城市之后成为粤港澳大湾区的第一名？（　　）

A. 天津

B. 香港

C. 广州

2 文中没有提到哪一项生态环境保护措施？（　　）

A. 提高建成区绿化覆盖面积

B. 禁止食用野生动物

C. 实施百分百垃圾无害化处理

3 以下哪一项的表达是错误的？（　　）

A. 深圳的常住人口平均年龄偏大

B. 人口可以展示一个城市的发展潜力

C. 深圳市常住人口增长速度全国第一

4 徐老板认为：（　　）

A. 喝酒的人不应该打架

B. 喝酒的人不论来自哪个国家都有可能会打架

C. 人们不应该喝太多酒

5 关于明子，以下哪一项表述是错误的？（　　）

A. 明子是一个非常安静的人

B. 明子觉得意大利餐厅的午饭很贵

C. 明子与丈夫出去吃是因为她不会做饭

6 崔祯在中国的新生活是怎样的？（　　）

A. 要看着孩子上网课，还要准备一日三餐

B. 经常去香港吃午餐

C. 每天接送孩子去国际学校

7 以下哪一件事是拉雅每天都要做的？（　　）

A. 做五颜六色的甜食

B. 冥想祈福

C. 到广场去表演

8 以下哪一项不是安娜在车站大哭的原因？（　　）

A. 老公没能去接安娜和儿子

B. 他们错过了最后一班回深圳的火车

C. 极度的疲劳和长期的压力

五、选择恰当的词语或短语填空

超越	潜力	平均	懊恼	分享	风光	包揽	梦想
兴高采烈	五湖四海	就算……也……	不仅……还……				

1. 玛丽去了一趟成都，吃了很多好吃的，结果回来胖了十斤，这令她十分______。

2. 演艺人员的工作看似______，背后也有不为人知的辛苦。

3. 他对数字非常敏感，有学好数学的______。

4. 爱______的人，会很受大家欢迎。

5. 我的______是做一名医生。

6. 我们的团队汇集了来自______的人才。

7. 创新就是不断地______前人，想出更好的点子和创意。

8. 他背着一大包零食，______地去参加学校的春游了。

9. 在考试的时候，______时间所剩无几，我们______还是要不慌不乱，认真答题。

10. 她是个很热心的人，总是______办公室里的各种小事情。

11. 这里有三十张优惠券，我们十个人，每人______可以拿三张。
12. 要写好作文，______要多读书，______要多练笔。

六、填入合适的量词

1. 深圳有一（ ）口号，“来了就是深圳人”。
2. 不少老外也在深圳这（ ）城市里，体味着生活的酸甜苦辣。
3. 他有时开着一（ ）最新款的奔驰跑车招摇过市。
4. 他们要赶回深圳，却错过了最后一（ ）火车。

七、读句子，注意句子中画线部分的用法

1

我认为我有当画家 我认为我有当老师 我认为我有当老板	的潜力。

2

我觉得我骨子里是个	安静的人。 不服输的人。 善良的人。 开朗的人。

3

我吃过很重口味的	川菜，很麻。 湖南菜，很辣。

4

我的梦想是成为一个	护工。 画家。 商人。 医生。

5

我觉得每天做饭 我觉得写汉字 我觉得上班	是非常枯燥乏味的。

八、模仿课文第二段的数据表达，解释图表

深圳和香港20多年来的GDP走势（非精确）

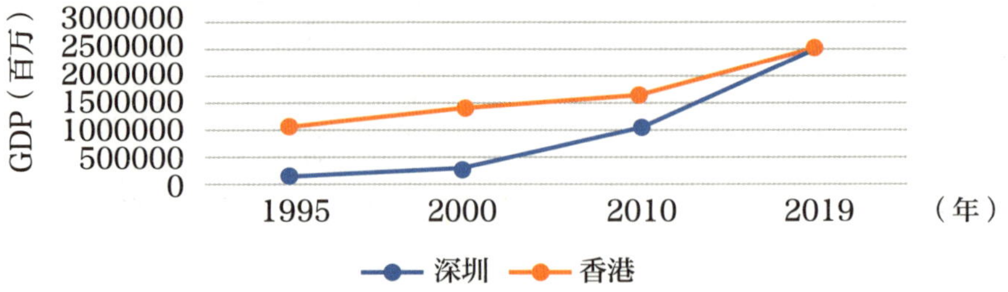

九、小练笔

来到异国他乡生活和工作，总会发生一些意想不到的小故事。请大家结合自己的生活或工作经历，写一个你认为非常有趣的小故事，并跟大家分享。（300字左右）

会心一笑

汉字笑话

夫对天说：“我总算盼到了出头之日。”
熊对能说：“你怎么穷成这样啦？四个熊掌全卖了？”
丙对两说：“你家什么时候多了一个人？结婚了？”
王对皇说：“当皇上有什么好处？你看你，头发都白了。”
口对回说：“亲爱的，都怀孕这么久了？也没说一声。”
日对旦说：“你什么时候学会玩滑板了？”
果对裸说：“哥们儿，你穿上衣服还不如不穿呢。”
由对甲说：“哎，你什么时候学会倒立了？”

第三课　面试

课文一 Text One

课文一音频

骑驴找马

大卫在一家公司面试

面试官：你好！欢迎来我们公司应聘。请坐！

大　卫：谢谢！这是我的简历！

面试官：你的汉语发音很不错！我们已经从网上打印了你的简历。你为什么对我们的市场部助理职位感兴趣呢？

大　卫：我一直对市场开发的工作比较感兴趣。我看到贵公司市场部助理主要的职责，是协助市场部经理，联系欧美的供应商，同时负责公司网站上有关产品介绍英文部分的修订。我的母语是英语，我想我应该能做好这份工作。

面试官：可是你好像没有什么市场相关的工作经验。我看你以前主要都是从事语言教学方面的工作。

大　卫：嗯，其实就像我简历里说明的，我在大学时学的就是市场营销。语言教学工作也是我的兴趣。最重要的是，通过教中国人学英语，我的汉语水平也得到了很大的提高，正好适合贵公司这个助理的职位要求——流利的中英文水平，市场营销专业的优先考虑。而且除了语言，我在欧美很多地方都生活过，对他们的文化、习俗也都比较了解。

面试官：呵呵，你很聪明，很会扬长避短。沟通能力也不错。请你描述一下自己的性格特点。

大　卫：嗯，我是一个乐观外向的人。爱学习，喜欢新鲜事物，做事认真、诚实守信。沟通能力、社交能力强，做事细心而且有效率。非常有团队精神。

面试官：好的。这次是初试，恭喜你通过了，大卫！跟你聊天很愉快！接下来我们会安排市场部的经理对你进行复试，到时会多问一些专业性的问题。如果能通过复试，会有一个试用期。我们人力资源部会协助你办理有关的工作证件等事宜。

大　卫：哦，谢谢你！跟你交谈也非常轻松愉快！跟我以为的不一样！

面试官：不过，大卫，我要提醒你，这个职位只是个初级职位，所以薪金方面不会太高。但除了基本工资，我们还有业绩奖金、年终奖金。工作一定时间，也会有职位晋升的机会。你不会想一直做助理吧？

大　卫：当然不，不想当将军的士兵不是好士兵嘛！不过短期内，我会踏实做好本职工作，认真快速地学习有关的知识和经验的。希望你们能给我这个机会。

面试官：好的，我们三天内会再联系你。再见！

大　卫：再见！

在深大荔园咖啡厅

阿　龙：大卫，怎么想起来请我喝咖啡了？

大　卫：我今天上午去面试了。

阿　龙：啊？！真的？怎么样？什么单位？

大　卫：是一家跨国IT公司，市场部助理的职位。

阿　龙：待遇怎么样？再说你不是想自己开公司做贸易吗？

大　卫：助理的职位，薪资应该不会太高。但是跨国企业里学习的机会很多，我主要负责跟欧美的供应商打交道，同时又能熟悉中国市场，我觉得机会还不错。

阿　龙：那就好！反正骑驴找马呗。如果有更好的机会，就跳槽！

大　卫：呵呵呵，不了。我觉得我会做好这份工作的，而且公司有职业生涯通道，有能力就可以加薪升职的。再说，最难得的是，因为跟欧美时差的关系，这份工作上午可以不用去公司，这样我可以继续在深大上课。

阿　龙：哦，那是很好！以后我毕业了也要找个这样的工作。到时我上午也不用上课了，可以睡懒觉了！哈哈！

生词 New Words and Expressions

1	骑驴找马		qílǘzhǎomǎ	hold on to one job while seeking a better one
2	应聘	动	yìngpìn	interview for a job
3	简历	名	jiǎnlì	resume
4	助理	名	zhùlǐ	assistant
5	职位	名	zhíwèi	position
6	开发	名	kāifā	development
7	职责	名	zhízé	duty
8	协助	动	xiézhù	to assist
9	供应商	名	gōngyìngshāng	supplier
10	修订	名	xiūdìng	revision
11	从事	动	cóngshì	engage
12	扬长避短		yángchángbìduǎn	make the best use of the advantages and bypass the disadvantages
13	描述	动	miáoshù	describe
14	沟通	动	gōutōng	communicate
15	社交	名	shèjiāo	social contact
16	人力资源部		rénlìzīyuánbù	human resource department
17	事宜	名	shìyí	matters concerned
18	业绩	名	yèjì	achievement；performance
19	晋升	名	jìnshēng	promotion
20	待遇	名	dàiyù	treatment
21	贸易	名	màoyì	trade
22	薪资	名	xīnzī	salary
23	企业	名	qǐyè	enterprise
24	跳槽	名	tiàocáo	job hopping
25	生涯	名	shēngyá	career

语句理解 Sentence Comprehension

一、我看到贵公司市场部助理主要的职责，是协助市场部经理。

“贵”，敬辞，称呼和对方有关的事物。如：“贵姓”“贵校”“贵公司”“贵厂”“贵国”等。例如：

1. 欢迎贵校领导来我校参观访问。
2. 从网上得知贵公司在招聘经理秘书，特寄上简历一份。

二、最重要的是，通过教中国人学英语，我的汉语水平也得到了很大的提高。

“最重要的是……”，主谓式。“最……的”名词结构作主语，“是”作谓语，后面的整个句子作宾语。例如：“最难得的是……”“最有意思的是……”“最奇怪的是……”。例如：

1. 在学习书本知识的同时，最重要的是教会孩子怎样做人。
2. 他耐心细致，工作认真，最难得的是他有很强的责任感。这正是我们工作中所需要的。

三、这次是初试，恭喜你通过了，大卫！

“恭喜”，客套话，表示祝贺他人的喜事。例如：

1. 哎呀，恭喜恭喜，生了个大胖小子！
2. 恭喜您，儿子都考上清华大学了。

四、不想当将军的士兵不是好士兵嘛！

“不想当将军的士兵不是好士兵”用来表示人要有远大的理想和目标，并为之不断奋斗。一个优秀的人必定有强烈的进取心。例如：

1. 不想当将军的士兵不是好士兵，我可不想一辈子做一个小职员。

2. 人们常说“不想当将军的士兵不是好士兵”，可是我就不一样，我觉得现在的工作、生活都挺好的，我不需要什么改变。我挺知足的。

五、再说你不是想自己开公司做贸易吗？

“再说”，用在第二个句子的前边，表示对前面的话补充进一步的情况或说明新的理由。例如：

1. 带玛丽去参观一下你们学校吧！你们学校是出了名的漂亮，再说玛丽也没有参观过中国的大学。

2. 我想我还是换份工作，这里工资不高，再说公司太小，没什么发展前途。

六、我主要负责跟欧美的供应商打交道。

“打交道”，交际、交往、联系，常用格式为“和……打交道”或者“跟……打交道”。例如：

1. 她是一名老师，整天跟学生打交道，所以思想很单纯。

2. 他是做外贸工作的，常常和外国人打交道，英语非常流利。

练习 Exercises

一、课前热身练习：学生们分享当日新闻、趣事

____

____

____

二、根据课文内容填空

1. 大卫在一家公司面试

面试官：可是你好像没有什么市场相关的工作经验。我看你以前主要都是从事语言教学方面的工作。

大　卫：嗯，其实就像我______里说明的，我在大学时学的就是______。语言教学工作也是我的兴趣。______，通过教中国人学英语，我的汉语水平也得到了很大的______，正好适合______这个助理的职位要求——流利的中英文水平，市场营销专业的优先考虑。而且除了语言，我在欧美很多地方都生活过，对他们的文化、习俗也都______。

面试官：呵呵，你很聪明，很会______。沟通能力也不错。请你描述一下自己的性格特点。

2. 在深大荔园咖啡厅

阿　龙：大卫，怎么想起来请我__________了？

大　卫：我今天上午去__________了。

阿　龙：啊？！真的？怎么样？什么单位？

大　卫：是一家跨国IT公司，市场部助理的职位。

阿　龙：__________怎么样？__________你不是想__________吗？

大　卫：助理的职位，______应该不会太高。但是跨国企业里学习的机会很多，我主要负责跟欧美的供应商______，同时又能熟悉中国市场，我觉得机会还不错。

阿　龙：那就好！反正______呗。如果有更好的机会，就______！

三、连线搭配词语

打印	简历
开发	产品
修订	态度
富有	书籍
收敛	经验

四、选择恰当的词语或短语填空

应聘	简历	从事	业绩	沟通	恭喜	再说	跳槽
打交道	骑驴找马	进出口贸易	最可悲的是				

1. 甲：嘿！我今天在网上看到一个招聘信息，特别适合你！你赶紧去______吧！

乙：是吗？！是什么工作？

甲：在大学里______英语教学工作。你的母语是英语，所以很有优势。______，你还有过教中学生的工作经验，肯定没问题！

乙：好，我马上上网投递我的______。

2. 甲：你们公司的经营领域和现状怎么样？

乙：我们公司的经营领域涉及房地产、电信、______、金融财务等。目前我们在各个领域都取得了很不错的______。

3. 甲：______啊！听说你找到了个不错的工作！

乙：别提了！我们经理是个很难______的人，根本没法跟他______思想。______，我们天天都加班！

甲：哎！你尽量再干一段时间吧。最近就边工作边顺便看看有没有什么别的工作机会，______嘛，这个工作不行，就别勉强了，一有机会就______。

五、完成对话，用上括号内的词语

1. 甲：________________________________？（感兴趣）

乙：请拿那一款产品给我看看。

2. 甲：你以前有过哪些工作经验呢？

乙：我________________________________。（从事）

3. 甲：你怎么垂头丧气的？

乙：我今天太倒霉了！先是上班迟到，接着上午开会被批评，然后是电脑出问题，____________资料全____________。（最……的是）

4. 甲：我们公司＿＿＿＿＿＿＿＿＿＿＿＿＿＿＿＿。（除了……还）
   乙：哦！你们公司的服务项目还真齐全！
5. 甲：不瞒你说，我对这份兼职的薪资不太满意。
   乙：对你来说已经很不错了。你想想，＿＿＿＿＿＿＿＿。（再说）
6. 甲：你不是一直想做自己的贸易公司吗，怎么现在又上学去了？
   乙：＿＿＿＿＿＿＿＿＿＿＿＿＿＿＿＿，我认为有必要先学好中文。（因为……的关系）

六、你同意下面的看法吗？为什么？

1. 没有市场工作经验的人无法做好市场开发工作。

＿＿＿＿＿＿＿＿＿＿＿＿＿＿＿＿＿＿＿＿＿＿＿＿＿＿＿＿＿＿

＿＿＿＿＿＿＿＿＿＿＿＿＿＿＿＿＿＿＿＿＿＿＿＿＿＿＿＿＿＿

＿＿＿＿＿＿＿＿＿＿＿＿＿＿＿＿＿＿＿＿＿＿＿＿＿＿＿＿＿＿

2. 不想当将军的士兵不是好士兵。

＿＿＿＿＿＿＿＿＿＿＿＿＿＿＿＿＿＿＿＿＿＿＿＿＿＿＿＿＿＿

＿＿＿＿＿＿＿＿＿＿＿＿＿＿＿＿＿＿＿＿＿＿＿＿＿＿＿＿＿＿

＿＿＿＿＿＿＿＿＿＿＿＿＿＿＿＿＿＿＿＿＿＿＿＿＿＿＿＿＿＿

七、写作

请准备一份正式的个人简历，为接下来的招聘会做准备。

课文二 Text Two

课文二音频

面试的故事

故事一

赵立

男，23岁，国际贸易专业，应聘职位：市场营销

最近我参加了一次招聘会。有一家国内的知名企业招五个职位，待遇和发展空间都很不错。投简历的有几百个人，我成功杀入了面试。招聘官把我们分成三人一组，我觉得竞争激烈，得好好把握机会，所以不管面试官提什么问题，我都积极抢答，而且说个不停，根本不给对手可乘之机。面试官问，如果在工作配合中别人有不同的意见，你该怎么办？我没等别人说话，就抢着说：做好自己的本分工作才是最重要的，不应该浪费太多的时间去处理人际关系。整个面试，我一个人回答了大部分的问题，感觉挺不错的。可是过了几天，我收到了公司的婉拒信！在评语中，他们说觉得我太急于表现自己，是一个缺乏团队精神的人，很难走得远。

故事二

徐小姐

女，26岁，行政管理专业，应聘职位：公司文员

刚毕业的时候，我对工作没有太高的要求，就想先做个普通的公司文员。那天，我去一家公司面试，感觉气氛一片祥和，让人一点儿也不紧张。等候的时候，大家围坐在一张大桌子周围，公司还给我们发放了零食和饮品。来应聘的大多是刚毕业的，大家吃着聊着，很快就有人说起了悄悄话，简直像

课堂招聘会

是一场同学聚会。不一会儿公司给我们每个人发了一份简单的问卷，答完之后，竟然就通知我们面试结束了！这时我才意识到，刚才整个吃喝闲聊的过程我们都在被观察。最终我收到了婉拒信。到现在我也没弄明白，他们评价的标准到底是什么。

课堂招聘会

故事三

刘星

男，33岁，现任一家荷兰公司的总经理助理

这是一家外企总经理助理的职位，也就意味着不低的工资、难得的学习机会和看得见的发展空间，所以竞争异常激烈。据说投递简历的有800多人。我的面试经验是知己知彼，首先我有相关的工作经验，知道怎么协助公司的最高领导上传下达，跟各部门协同沟通，让战略和日常目标都得以顺利地推进；同时我也提前对公司的情况做了深入的了解，并设身处地地做了些思考。在应聘时，我西装革履，展示我的职业形象和对这家公司的尊重。回答问题时，积极主动、充满激情，尽量用数据支持我的想法，显得客观专业。回答问题时语调抑扬顿挫，充满自信。我想谁都愿意找一个有相关经验、跟这个职位匹配、对公司了解又充满自信、有活力的人跟他们一起工作吧。最终我过五关斩六将，获得了这个职位。

入职后，我也有机会跟HR一起面试别的人，所以顺便多跟大家说两句：一般面试都会有一个必问的问题：你的缺点是什么？碰到这样的问题，你可不能说，我最大的缺点就是执着，就是太善良，就是不会管理自己的时间、总喜欢加班……这样的回答，别说HR，是个人都会觉得你虚伪。当然，你也不能说，我最大的缺点就是承受不了压力，之前的工作就是压力太大了，所以我离职了；或者说我这个人就是没什么耐心，工作的事情一多、时间一长，我就坚持不了……这些涉及基本价值观和基本素质的缺点，大家面试的时候还是尽量回避一下。比较好的回答嘛，比如说：我的执行力很强，可是行业的知识还需要补充，有待学习；或者如果你应聘的是比较基础的职位，你就可以说我工作很踏实，但是还缺乏大局观。这些回答都无伤大雅，也更有助于你成功。

故事四

马文

男，27岁，电子信息工程专业，应聘职位：互联网运营

我最近想换工作，就投了简历。因为有以往的相关工作经验，所以很快收到了两家公司的面试通知。第一家公司，面试等了40分钟，HR只跟我聊了十分钟，就结束了。面试时基本上是他们问什么我就回答什么，感觉中规中矩，没想到HR主管通知我，说我不适合他们的职位。因为我在面试的时候被动、不积极，没有充分地展示自己。他还很好心地建议我，以后面试的时候不能问一句答一句，要把自己能说的充分展示出来，直到面试官打断为止。到第二家公司去面试时，我就记住了前面那家公司的HR给我的建议。比如他们问我技术问题的时候，我就把怎么学到的这个技术、怎么使用的、过程中会遇到什么情况、怎么去完善……全讲了一遍。他们问我项目事情的时候，我也把整个项目前前后后要做的准备、遇到的困难、怎么克服困难、怎么取得了好的结果、接下来还应该有什么要完善的全都说了一遍，每个问题都真的是一直到HR打断我，我才停下来。面试完，他们露出了满意的微笑，认为我对事情掌握全面，有大局观，业务熟练。总之，我顺利拿到了入职通知。

生词 New Words and Expressions

1	国际贸易		guójìmàoyì	international trade
2	市场营销		shìchǎngyíngxiāo	marketing
3	招聘会	名	zhāopìnhuì	job fair
4	可乘之机		kěchéngzhījī	opportunity that can be exploited to sb's advantage
5	本分	名	běnfèn	obligation
6	婉拒信	名	wǎnjùxìn	declined letter
7	团队精神	名	tuánduìjīngshén	teamwork spirit
8	气氛	名	qìfēn	atmosphere
9	祥和	形	xiánghé	in peace
10	竟然	副	jìngrán	unexpectedly
11	观察	动	guānchá	observe
12	到底	副	dàodǐ	on the earth
13	难得	形	nándé	rare
14	协同	动	xiétóng	cooperate with
15	战略	名	zhànlüè	strategy
16	设身处地		shèshēnchǔdì	put oneself in other's position
17	客观	形	kèguān	objective；unbiased
18	抑扬顿挫		yìyángdùncuò	rising and falling in cadence
19	匹配	动	pǐpèi	match
20	执着	形	zhízhuó	persistent
21	虚伪	形	xūwěi	hypocrisy
22	涉及	动	shèjí	refer to
23	价值观	名	jiàzhíguān	sense of values
24	执行力	名	zhíxínglì	executive ability
25	缺乏	动	quēfá	be short of；lack
26	大局观	名	dàjúguān	view of overall situation
27	无伤大雅		wúshāngdàyǎ	not affect the whole
28	中规中矩		zhòngguīzhòngjǔ	regular；normal
29	展示	动	zhǎnshì	demonstrate；exhibit

语句理解 Sentence Comprehension

一、我成功杀入了面试。

“杀入”表示很艰难地超越进入一个目标状态。例如：

1. 他成功杀入最后一轮面试。
2. 这家公司成功杀入世界100强。

二、招聘官把我们分成三人一组，我觉得竞争激烈，得好好把握机会。

“把握”本义为“拿、抓住”，但也可以与“机会”搭配，意思是抓住时机做某事。例如：

1. 这次选拔经理，你好好把握机会，争取升职。
2. 只有我们好好把握机会，才能为自己争取更好的工作。

三、刚毕业的时候，我对工作没有太高的要求，就想先做个普通的公司文员。

“对……没有要求”表示对某事或某物不抱有希望和期待，“没有”和“要求”之间可以加形容词，如“太高的”“很高的”等。例如：

1. 我对吃的没有很高的要求，能吃饱就行。
2. 我对住的地方没有太高的要求，只要干净就行。

四、来应聘的大多是刚毕业的，大家吃着聊着，很快就有人说起了悄悄话，简直像是一场同学聚会。

“简直”是一个副词，表示完全如此（语气带夸张）。例如：

1. 他花钱如流水的样子，简直就像一个富二代。
2. 她长得那么漂亮，身材那么好，简直就是一个仙子。

五、首先我有相关的工作经验，知道怎么协助公司的最高领导上传下达。

“上传下达”一般用于中层管理者、秘书身上，上传指及时向领导和上级传达单位内外工作，下达则指将领导和上级的部署和意图传达到应知对象。例如：

1. 我们要协调好公司的各个部门，保证公司政策顺利上传下达。
2. 如果企业的上传下达效率不高，就难以管理好整个公司。

六、最终我过五关斩六将，获得了这个职位。

“过五关斩六将”是《三国演义》中描写关羽的故事。比喻在做某事的过程中克服重重困难。例如：

1. 他一路过五关斩六将，最终获得了冠军。
2. 虽然我们没有拿到第一名，但也一路过五关斩六将，非常不容易。

七、碰到这样的问题，你可不能说，我最大的缺点就是执着，就是太善良，就是不会管理自己的时间、总喜欢加班。

“可不能”意思是“千万不能”，“可”在这里加强了否定的意思，强调了“不能”。例如：

1. 你都发烧了，赶紧回家休息吧，可不能再劳累了。
2. 她是个暴脾气，你可不能去招惹她。

八、这样的回答，别说HR，是个人都会觉得你虚伪。

“是个人都”意思是“所有人都”，表示只要是人都会做某事。例如：

1. 麦克：“考你一下，‘520’是什么意思？”
   王明：“520？是个人都知道，‘我爱你’嘛！”
2. 她怎么能这样？！是个人都不应该虐待小动物吧！

九、当然，你也不能说，我最大的缺点就是承受不了压力。

“承受……压力”是一个常用的动宾短语，“承受不了压力”表示不能承受压力，“承受得了压力”表示可以承受压力。例如：

1. 他是一个很能承受压力的人。
2. 我最近公司的压力很大，许多承受不了压力的员工都辞职了。

十、要把自己能说的充分展示出来，直到面试官打断为止。

“直到”表示一直做某事到某个时间点，后面接停止做这件事的时间点。例如：

1. 你得不断地向前跑，直到跑到终点。
2. 你生病的这段时间都不准喝酒，直到你完全康复。

十一、他们问我项目事情的时候，我也把整个项目前前后后要做的准备、遇到的困难、怎么克服困难、怎么取得了好的结果、接下来还应该有什么要完善的全都说了一遍。

“前前后后”表示事情的详情、细节，里里外外。例如：

1. 周老师生病以后，李老师前前后后为班级处理了好多事情。
2. 他把这件事前前后后都跟老板说了一遍，这才解除了误会。

练习 Exercises

一、课前热身练习：学生们分享当日新闻、趣事

____

____

____

二、根据课文录音给课文中画线的生词加上拼音

国际贸易 …………	观察 …………	虚伪 …………
市场营销 …………	到底 …………	涉及 …………
招聘会 …………	难得 …………	价值观 …………
可乘之机 …………	协同 …………	执行力 …………
本分 …………	战略 …………	缺乏 …………
婉拒信 …………	设身处地 …………	大局观 …………
团队精神 …………	客观 …………	无伤大雅 …………
气氛 …………	抑扬顿挫 …………	中规中矩 …………
祥和 …………	匹配 …………	展示 …………
竟然 …………	执着 …………	

三、根据课文内容判断正（√）误（×）

1. 赵立参加了一次分组的招聘会，他觉得竞争很激烈。（　　）
2. 赵立面试非常积极，并最终顺利地通过了面试。（　　）
3. 徐小姐在面试结束后都不知道这个公司面试的标准是什么。（　　）
4. 外企总经理的职位虽然意味着高工资，但没有太多的学习机会和发展空间。（　　）
5. 刘星在面试前就去了解了这家公司。（　　）
6. 刘星认为回答面试官的问题越真实越好。（　　）
7. 马文跟第一家公司的面试官聊了40分钟。（　　）
8. 马文的故事告诉我们，面试时要努力把握机会表达自己。（　　）

四、根据课文内容，选择正确的答案

1 关于赵立参加的招聘会，以下哪项表述是错误的？（　　）

A. 面试以小组的形式开展

B. 面试只招5个职位

C. 面试通过了几百个人

2 通过赵立的经历可以得知，在面试中应该怎么做？（　　）

A. 积极抢答，并且说个不停

B. 要注重团队精神，不要急于表现自己

C. 不能花大量时间去处理人际关系

3 徐小姐参加的面试中，关于面试者描述正确的是哪项？（　　）

A. 面试者大多是应届毕业生

B. 面试者大部分是同学

C. 面试者都感到非常紧张

4 以下哪一项不属于刘星为了面试外企总经理助理的职位所做的努力？（　　）

A. 西装革履，正装出席面试，充分表达尊重

B. 提前对这家公司做了深入的了解

C. 提前跟这个公司的各个部门协同沟通

5 关于刘星的面试表现，错误的是哪项？（　　）

A. 面试官问一句他答一句

B. 回答问题积极主动，尽量用数据支持想法

C. 回答问题的语调抑扬顿挫，充满自信

6 在面试中，以下哪一句话最适合用于回答“你的缺点是什么”的问题？（　　）

A. 我最大的缺点就是执着和善良，并且不会管理自己的时间，喜欢加班

B. 我的执行力很强，但行业知识比较欠缺，有待学习

C. 我没办法承受压力，并且没什么耐心

7 马文为什么没有通过第一次面试？（　　）

A. 他在面试中被动、不积极，没有抓住机会充分地展示自己

B. 他没有相关的工作经验

C. 他面试花费了太长的时间

8 马文的故事告诉我们面试时应该怎么做？（　　）

A. 面试官问一句就要答一句

B. 要敢于打断HR，表达自己的想法

C. 要主动积极，充分展示自己，详细描述经历

五、选择恰当的词语或短语填空

气氛　竟然　到底　意味　难得　提前　缺乏　招聘会

团队精神　设身处地　不管……都……　如果……就……

因为……所以……

1. 每个公司都希望招一个能为公司______着想的员工。
2. 这场面试非常严肃，______也很紧张。
3. 马上就要考试了，希望大家能够______进入复习阶段。
4. ______爷爷年纪大了，______反应有些迟钝。
5. 他工作挺认真的，但是______大局观，所以才失去了晋升的机会。
6. 这一次的团建让我们明白，公司要发展______是非常重要的。
7. 一个人______想面面俱到，那他______什么事都干不好。
8. 我们公司能找到一个你这样又能干又努力的员工，真的很______。
9. 她特别怕水，这次______报名参加了游泳比赛。
10. 下周我们打算在会展中心开一场______。

11. ______谁触犯了法律，______将受到制裁。

12. 有时候，升职并不______着能够拿到更多的工资。

13. 他昨天______去干吗了，电话不接信息不回的？

六、根据课文回答问题

1. 从公司对赵立的评语中，我们知道公司认为赵立是个怎样的人？

____

2. 徐小姐怎么描述这次面试？气氛是怎么样的？

____

3. 刘星认为怎样是“知己知彼”？

____

4. 刘星认为回答问题时需要注意两个重要的方面，分别是什么？

____

5. 在面试时需要回避哪些问题？

____

6. 马文面试的第二家公司是怎么评价他的？

____

七、填入合适的量词

1. 上个月华为公司举办了一（　　）招聘会。

2. 腾讯是一（　　）知名企业。

3. 我们需要在场的每个人填写一（　　）问卷。

4. 我刚收到了一（　　）来自字节跳动公司的婉拒信。

八、读句子，注意句子中画线部分的用法

1

我希望公司为我提供“五险一金”的 我希望公司为我提供餐饮补贴的 我希望公司为我提供交通补贴的 我希望公司为我提供医疗补贴的	待遇。

2

我希望我的生日会能有非常欢乐的 我希望我的生日会能有非常轻松的 我希望我的生日会能有非常热闹的	气氛。

3

我选择员工的标准是	负责。 忠诚。 有野心。

4

我对工作的态度十分 我对房间干净程度的追求十分 我对感情的纯粹程度非常	执着。

5

换工作的事情让我觉得十分 工作地点的不可控制性让我觉得很 低薪资让我觉得非常	被动。

九、模拟情境

你是一家服装公司的老板，你的公司刚刚成立，现在还有三个职位需要招聘新的员工，分别是：销售人员、服装设计师和财务人员。根据以下表格提示，列出你的招聘标准，并设计你的考核方式。

1. 销售人员

项目	我的想法
品格特质	1. 例：热情开朗的性格。
	2.
	3.
考核方式	1. 例：提供一件成衣，模拟销售。
	2.
	3.
备　注	

2. 服装设计师

项目	我的想法
品格特质	1.
	2.
	3.
考核方式	1.
	2.
	3.
备　注	

3. 财务人员

项目	我的想法
品格特质	1.
	2.
	3.
考核方式	1.
	2.
	3.
备　注	

十、实践题

1. 下面有几则招聘广告，请根据你的情况和意愿，选择其中一个，并相应地准备一份简历。

2. 在课堂上找一个搭档，一个人扮演应聘者，另一个人扮演面试官，进行面试。面试结束后，面试官要说一下对应聘者的看法。面试时间为五分钟。

3. 交换角色，进行下一轮的面试。

招聘广告一

课程顾问　前途国际交流公司

公司性质： 民营企业　　**月　　薪：** 面议

公司规模： 1 ~ 49 人　　**学　　历：** 本科以上

工作经验： 不限

职位描述：

1. 为出国留学、签证客户提供中英文文件翻译服务；
2. 配合其他同事提供高质量的文书制作和服务支持，翻译客户申请资料，包括个人陈述、推荐信、简历、证书、资金证明等；
3. 协助主管指导客户准备留学文件，跟踪客户留学申请进展。

招聘广告二

幼教教师　深圳市小红花艺术工作室

公司性质： 民营企业　　**职位月薪：** 4000 ~ 6000 元

公司规模： 100 ~ 499 人

职位要求：

1. 全日制师范院校幼师专业、学前教育专业、音乐舞蹈专业、中文专业中专以上学历；
2. 普通话标准，诚信，沟通、适应能力强；
3. 敬业爱岗，能吃苦，专业能力强；
4. 品貌端庄，活泼开朗，有亲和力，有耐心和责任心；
5. 热爱幼师事业，有学前教育工作经验。

招聘广告三

英语（小、初、高）教师　深圳市红雷锋文化传播有限公司

公司性质： 民营企业
公司规模： 100 ~ 499人
经验要求： 1 ~ 3年
最低学历： 本科/学士及同等学历
职位月薪： 3000 ~ 5000元

职位要求：

1. 热爱教育事业，热爱通过自己的付出获取价值；
2. 喜欢孩子，有爱心、耐心，能对孩子循循善诱；
3. 语言沟通能力强，团队协作能力佳；
4. 有自己的梦想，并为自己的梦想踏实地奋斗；
5. 师范类专业，有教师资格证者优先。

招聘广告四

外国人助理　深圳市阳光电子有限公司

工作地点： 深圳
学历要求： 大专以上
工作经验： 0 ~ 2年
职位类型： 全职

职位要求：

1. 熟悉宝安区地形；
2. 能熟练地进行英语听、说、写；
3. 工作认真负责、责任心强。

招聘广告五

LED国际销售经理　深圳市卓越星海科技有限公司

工作地点： 深圳宝安区
职位类别： 销售代表
职位性质： 全职
工资待遇： 面议
学历要求： 不限
招聘人数： 2人

职位要求：

1. 本科以上学历以上，年龄23 ~ 30岁；
2. 英语6级（或其他国家语言相应级别）以上，外贸工作经验至少1年；
3. 懂电脑操作，有较强的口头表达能力，思路敏捷；
4. 良好的职业道德，做事富有激情和主动性，富有团队合作精神；
5. 乐于学习，敢于创新，敢于接受挑战，有安防或LED行业同职位工作经验者优先。

招聘广告六

英语老师（兼职）　深圳市育苗文化发展有限公司

公司规模： 100 ~ 499人
公司性质： 中外合营（合资，合作）
公司行业： 专业服务（咨询·财会·法律等），教育·培训
职位性质： 兼职
工作经验： 3 ~ 5年
简历语言： 中文和英文
截止日期： 2022-03-28
学历要求： 本科以上
招聘人数： 2人
语言能力： 英语/熟练

职位要求：

1. 英文专业八级，发音标准，具亲和力且对少儿教学具有热情，对工作认真负责。
2. 有英语教学经验。暑假期间能全身心投入教学工作。

会心一笑

年薪

甲：你年薪多少？
乙：1200万元。
甲：那一个月有100万元哦！
乙：是的，这还只是基本工资。
甲：真牛啊，你是做什么的？
乙：做梦的。

第四课 劳逸结合

课文一音频

课文一 Text One

一张一弛，文武之道

电话

阿　龙：喂，大卫你好！好久没联系了，明天是周末，一起出去玩玩吧？

大　卫：阿龙啊，你好你好！我正想找你呢！明天我得加班。

阿　龙：周末还加班？你不能总是不休息，不停地工作啊、学习啊，得劳逸结合，大卫，不然会累坏的。

大　卫：哦，谢谢你的关心！不过这个加班不是在办公室里，而是要陪一位新加坡的客人到处转转。所以我想请你当一次业余导游呢。

阿　龙：好啊！这样咱们既能见面，又不会耽误你工作，一举两得！

大　卫：谢谢你，阿龙！你真是个爽快的人！我们这个客人是个男的，四十多岁，非常随和。他是第一次来深圳，对这个城市很感兴趣，什么都想看看，什么都想试试。

阿　龙：没问题，包在我身上！保证让你们玩得尽兴。那明天见。

次日早上

大　卫：阿龙，早！我来介绍一下，这位是来自新加坡的李先生，来跟我们公司洽谈业务的，第一次来深圳。李先生，这位是阿龙，我的中国朋友。

阿　龙：（先与李先生握手）您好，李先生，深圳欢迎您！

李先生：你好，阿龙！听大卫说今天你要给我们当导游，那要麻烦你了！

阿　龙：别客气！对了，李先生是华裔吗？

李先生：算是吧。很多新加坡人都有中国血统。我算是混血儿，有四分之一的荷兰血统。

阿　龙：我也是“混血”，一半广东，一半四川。

李先生：哈哈哈！我倒是最爱吃四川菜。

阿　龙：对了，我把今天的日程安排讲一下，看你们有没有什么要补充的，好吗？咱们现在出发，先去莲花山公园看看，然后去华强北转转。那边有一家很出名的川菜馆，中午咱们就到那儿吃饭。下午可以找家洗脚屋捏捏脚，按摩放松一下。晚餐去大酒楼尝尝粤菜或是去一家特色小店都行，你们定。晚上李先生喜欢唱歌的话，咱们就去KTV；不想唱歌呢，咱们就去酒吧坐坐。

大　卫：哇，阿龙，你比专业导游安排得还好！李先生，我真是沾了您的光了，可以一天之内吃喝玩乐一条龙！

李先生：是啊！阿龙，真让你费心了。这样的安排听起来真的好丰富啊！

阿　龙：那咱们出发吧！

大　卫：（悄悄地）阿龙，这样一天下来要花很多钱吧？我怕预算不够哦。

阿　龙：放心吧！如果不去大酒楼，

每个人所有项目加起来一两百块就够了！

大　卫：这么便宜？那太好了！

阿　龙：嗯，我们深圳就是这么可爱的一个地方——丰俭由人。

在莲花山

大　卫：这儿的空气真新鲜啊！绿树、草地、湖水，感觉真舒服！你们可真会享受生活啊！

阿　龙：呦，我们大卫都快成了诗人了！

李先生：是啊，这么多人一大早在这儿唱歌、跳舞、打太极拳、登山、放风筝，真有生活气息啊！

阿　龙：嗯，这个莲花山公园位于深圳市中心，绿化非常好，号称我们深圳的“市肺”。这里有风筝广场，山顶更有知名的邓小平铜像，每年都有无数的人来献花。

李先生：那一定要上去看看。

阿　龙：好的，反正山不高。其实深圳这样漂亮的地方还多着呢，而且各有特色。像梧桐山有市民们最喜欢的登山道，仙湖植物园里有弘法寺和邓小平手植榕树，在光明农场你可以亲自给小牛喂奶，大小梅沙和大鹏、南澳则是海边度假胜地，那里还有深圳真正的历史遗迹——大鹏所城，很多外国人都专门跑去参观……可惜我们只有一天的时间，很多地方去不了。

大　卫：哇！回头你给我列个清单，我得好好计划一下，把深圳走个遍！

李先生：看来我也得多来几次才行！

生词 New Words and Expressions

1	劳逸结合		láoyìjiéhé	strike a proper balance between work and rest
2	一举两得		yìjǔliǎngdé	kill two birds with one stone
3	爽快	形	shuǎngkuài	frank and straightforward
4	随和	形	suíhé	easygoing
5	尽兴	形	jìnxìng	enjoy oneself to the full
6	洽谈	动	qiàtán	negotiate
7	华裔	名	huáyì	foreign citizen of Chinese origin
8	血统	名	xuètǒng	bloodline；blood lineage
9	混血儿	名	hùnxuè'ér	mixed-blood
10	日程	名	rìchéng	agenda
11	补充	动	bǔchōng	replenish；resupply
12	预算	名	yùsuàn	budget
13	项目	名	xiàngmù	item
14	诗人	名	shīrén	poet
15	气息	名	qìxī	breath
16	绿化	动	lǜhuà	afforest
17	号称	动	hàochēng	purport；be known as
18	无数	形	wúshù	countless
19	胜地	名	shèngdì	holy land
20	清单	名	qīngdān	list

语句理解 Sentence Comprehension

一、不过这个加班不是在办公室里，而是要陪一位新加坡的客人好好转转。

“不是……而是……”，并列复句，表示两种相反或相对的情况。例如：

1. 我不是不想陪你去，而是今天实在太忙了。
2. 这次比赛不是你的技术不好，而是你的心态不好。

二、这样咱们既能见面，又不会耽误你工作。

“既……又……”，并列复句，表示相关的几种情况同时并存。例如：

1. 这里的环境很好，既宽敞又安静。
2. 他既具备一定的专业知识，又有相关的工作经验，肯定能胜任。

三、算是吧。

“算”，表示认可某件事或者某种情况。“算是”，意思是可以说是，可以认为是，后接名词。例如：

1. 我在深大学习过一个学期，咱们算是校友了。
2. 这可是国际名牌，这个价钱算是最便宜的了。

四、我真是沾了您的光了。

“沾光”，表示靠别人或某种事物而得到利益、好处。“沾”和“光”可离合使用。例如：

1. 以后你成功了，我们也跟着沾光啊！
2. 虽然儿女现在有出息了，但是父母却没有沾到半点光。

五、丰俭由人。

“丰俭由人”，指消费时可以根据自己的实际情况来，可以多花，也可以少花，自己选择。例如：

1. 这里的生意极好。海鲜品种丰富，人均消费从几十元到几千元，丰俭由人。

2. 比起跟团游来，我更喜欢自助游。吃住可以自己选择，丰俭由人。

六、我得好好计划一下，把深圳走个遍！

“遍”，动量词，放在动词后做补语。例如：

1. 他已经把这个城市好玩的地方都玩遍了。
2. 我要把广东的美食都吃个遍。

练习 Exercises

一、课前热身练习：学生们分享当日新闻、趣事

二、根据课文内容填空

1. 电话里

阿　龙：大卫，明天是周末，一起出去玩玩吧？

大　卫：阿龙啊，我正想找你呢！明天我得__________。

阿　龙：周末还加班？你不能总是不休息，得__________，不然会累坏的。

大　卫：这次加班是要陪一位新加坡的客人到处转转。所以我想请你当一次__________导游呢。

阿　龙：好啊！这样咱们__________能见面，__________不会耽误你工作，__________！

大　卫：谢谢你，阿龙！你真是一个__________的人！

2. 次日早上

阿　龙：我把今天的日程安排讲一下，看你们有没有什么要______的，好吗？咱们现在出发，__________去莲花山公园看看；__________去华强北转转。那边有一家很__________的川菜馆，中午咱们就到那儿吃饭。下午可以找家洗脚屋捏捏脚，按摩______一下。晚餐去大酒楼尝尝粤菜或是去一家______小店都行。

大　卫：（悄悄地）阿龙，这样一天下来要花很多钱吧？我怕______不够哦。

阿　龙：放心吧！如果不去大酒楼，每个人所有__________加起来一两百块就够了！

大　卫：这么__________？那太好了！

阿　龙：嗯，我们深圳就是这么可爱的一个地方——丰俭由人。

3. 在莲花山

大　卫：这儿的空气真新鲜啊！你们可真会______生活啊！

李先生：是啊，这么多人一大早在这儿______、跳舞、______、登山、______，真有生活______啊！

阿　龙：嗯，这个莲花山公园位于深圳市中心，______非常好，号称我们深圳的“市肺”。其实深圳这样漂亮的地方还多着呢，而且各有______。

大　卫：哇！回头你给我列个______，我得好好______一下，把深圳走个遍。

三、连线搭配词语

洽谈	导游
享受	时间
耽误	清单
列	生活
性格	业务
业余	随和
生活	胜地
度假	气息

四、选择恰当的词语或短语填空

洽谈　爽快　日程　项目　随和　清单
预算　劳逸结合

1. 甲：明天我带你去逛逛华强北怎么样？那儿人多，热闹，是深圳最繁华的地方之一。

乙：哦，谢谢你，但是我恐怕去不了了。最近我的______安排很紧凑，明天我要去和投资商______我们最新的合作______。

甲：那好吧，以工作为重！不过你也要______，别忙坏了身体。对了，你有什么要我顺便帮你买的东西吗？

乙：哦，有！这是我的购物______，太感谢了！

甲：别客气！

2. 甲："接待客户"也是公司支出项目之一。

乙：对，所以公司在做______时，应该考虑到此项支出。

3. 甲：看！那就是我的女朋友玛丽。她总是笑眯眯的，一向待人______。

乙：哦！原来是她！我和她一起上过口语课。当我提出和她一组参加朗诵比赛时，她立马就答应了。我心想，她可真是个______人！

五、回答下列问题，用上画线的词

1. 你每个月的开支会超过预算吗？

____

2. 你有什么业余爱好？

____

3. 你觉得怎样的人算得上爽快？

____

六、实践题

"今天我来做导游"——请你选择一个景点，假设你会带大家出去旅行一天并担任当天的导游，请准备好解说词，可利用PPT等展示图片，假设实际场景，并在班上演示。

课文二 Text Two

课文二音频

放松身心的团建活动

所谓一张一弛，文武之道，是古时帝王治理国家的方法，也是我们现代人合理安排工作和生活节奏的秘诀。下面是一个公司团建的方案，不管是为了增强同事之间的情感交流、培训团队意识，还是为了放松身心、为新的工作目标充电……都是不错的选择！

团建方案

参观古迹：

探寻深圳之根，走进大鹏半岛，参观游览深圳八景之首的——大鹏所城！

深圳大鹏所城

沙滩漫步：

这里有近1000米宽的浅海沙滩，人少景美，在沙滩赤脚漫步，享受浪漫美好。

自助美食：

海边自助烧烤，有荤有素，共享美景美食。

安全保证：

旅行社责任险、旅游意外险，全程优质导游服务。

行程安排：

8 : 30 在公司集合，乘坐包车前往深圳东部海滨，一路欣赏深圳东部黄金海岸的银滩秀水、海滨田园风光（车程约1.5小时）。

10 : 00抵达后，游览被称为深圳八景之首的【大鹏所城】（游玩时间约60分钟），它是深圳东部目前保存最为完好的，也是目前深圳市唯一的文物保护单位。深圳今天的别称“鹏城”也源于此。大鹏所城历史悠久，距今已有600多年的历史，城内古色古香，是岭南地区不可多见的明清古建筑群（如进将军府，门票自理）。

11 : 00于停车场集合出发前往大澳湾（车程约30分钟）。

11 : 30抵达大澳湾【私家沙滩】（已含门票）。这里依山傍水、鸟语花香、景致优雅，在碧海蓝天之间，踏着银光闪闪的沙滩，远离都市的喧嚣，亲近自然的和谐。伙伴们可以在这里踏沙、游水、抓螃蟹、捡贝壳、拍美照！还可以清晰地看到美丽的海底珊瑚。（重要提示：注意人身安全和贵重物品的保管，必须在景区救生人员看护或防护网区域游玩，否则责任自负。）

11 : 40在沙滩烧烤场开始【自助烧烤】。（烧烤时间约2小时。因团队烧烤的用量很大，食材均无法腌制，敬请理解。）

参考食材（每人分量）：

鸡腿1个、鸡翅1个、猪肉丸2个、牛肉丸2个、脆皮肠2个、热狗1条、骨肉相连1串、鱼豆腐1个、香干一片、韭菜50克、玉米1个、茄子半条、青椒1个、火腿1根、馒头1包。

烧烤配料包含：

蜂蜜1瓶、油1小瓶、烧烤汁1瓶、孜然粉1小包、辣椒粉1小包、盐1小包。

用具包含：

竹筷12双、纸巾1个、刀子1把、刷子2把、一次性手套10个、托盘10个、杯子10个（供10人使用）。

深圳大鹏东山寺

烧烤物资一应俱全，大家一起来“自力更生”，喂饱自己的肚子吧！围在烤炉旁，我帮你递一下调料，你帮我刷一下辣酱，拿出带来的芥末，同事间的默契尽在不言中。其实，这也是心灵的沟通与交流，团友们享受美味食品的同时，也可高歌一曲，或来一段热情奔放的舞蹈，充分展示自己的才华。

14:00沙滩自由活动，可前往海边游泳，穿上游泳衣，拿上水上用具，与凉爽的海水融合在一起。这里海沙细腻而洁净，堪称东方夏威夷。海边还可以捡到很多漂亮的贝壳哦！

16:30集合乘车返回温馨的家（车程约1.5小时）！

价　　格：

138元/人（大小同价，按40人以上）

158元/人（大小同价，按30人以上）

188元/人（大小同价，按20人以上）

费用包含：

全程空调旅游车、沙滩门票、烧烤餐（烧烤餐标35元/人，10人/炉，也可提升烧烤标准）、全程导游服务、10万元/人的旅游意外险、10万元/人的旅行社责任险。

费用不含：

沙滩淡水冲凉、酒水及海上自费项目等个人开支。

价格备注：

以上报价适用于罗湖区、福田区、南山区接团，其他区域接团价格可能有变，敬请来电咨询！

出发日期：

本线路限公司或工厂组织独立包团，可以天天出发。

包团备注：

包团需根据贵公司的人数、行程具体要求独立核算价格，安排车辆；10人以上即可成团。一般车位是小巴15/17座、中巴22/26座、大巴33/37/45/49/51/53座，人数越多、车越大；满座率越高、平摊车费越少，价格就越便宜，欢迎来电咨询，为您打造优质海滨旅游线路！

温馨提示：

1. 请携带如下物品：休闲服、休闲鞋及泳衣、风油精、晕车药、止血贴等旅游用品。

2. 请游客活动中注意安全、环保，听从导游的安排和指挥，请勿单独行动。

3. 乘坐快艇或出海捕鱼、划船时需穿救生衣（孕妇、2岁以下幼儿和50岁以上老人不得上船），坐船过程中请抓稳坐好，手不要放在船舷上，以防碰伤手。海上游泳和观光有一定风险，请注意安全。

4. 游泳时一定不要靠近深海区（防鲨网外），不会水者应有会水者陪同，天黑严禁出海和游泳！

5. 深圳东部海滩是深圳不多见的自然风景，一片未被人为破坏之地，既然是世外桃源，就要努力保持这一方水土的环境。游人们应当自觉注意环保，共同维护我们美丽的家园。

罗湖商务班的团建野战活动

生词 New Words and Expressions

1	团建	名	tuánjiàn	team building
2	节奏	名	jiézòu	rhythm
3	秘诀	名	mìjué	secret; magic code
4	根	名	gēn	root
5	行程	名	xíngchéng	schedule
6	集合	动	jíhé	gather
7	田园风光		tiányuánfēngguāng	rural scenery
8	首	名	shǒu	head
9	源于	动	yuányú	originate from
10	历史悠久		lìshǐyōujiǔ	have/with a long history
11	古色古香		gǔsègǔxiāng	having an antique flavour
12	自理	动	zìlǐ	take care of or provide for oneself
13	依山傍水		yīshānbàngshuǐ	be situated at the foot of a hill and beside a stream
14	鸟语花香		niǎoyǔhuāxiāng	songs of birds and scent of flowers
15	喧嚣	名	xuānxiāo	noise
16	珊瑚	名	shānhú	coral
17	区域	名	qūyù	area
18	自助	动	zìzhù	self-help; self-service
19	自力更生		zìlìgēngshēng	rely on one's own efforts
20	心灵	名	xīnlíng	spirit
21	热情奔放	形	rèqíngbēnfàng	bubbling with enthusiasm
22	才华	名	cáihuá	talent
23	细腻	形	xìnì	fine and smooth
24	温馨	形	wēnxīn	warm and sweet
25	冲凉	动	chōngliáng	take a shower
26	晕车药	名	yūnchēyào	carsickness pills
27	严禁	动	yánjìn	strictly forbid
28	世外桃源		shìwàitáoyuán	land of idyllic beauty

语句理解 Sentence Comprehension

一、不管是为了增强同事之间的情感交流、培训团队意识，还是为了放松身心、为新的工作目标充电……都是不错的选择哦！

“不管……”表示不顾或者不考虑某些东西或某些事情。例如：

1. A：王总真是一个好爸爸。
   B：不管多么忙，他每天总要亲自接小孩放学。
2. A：看上去要下雨了，你还要出去吗？
   B：不管天气怎么样，我都要出去玩。

二、海边自助烧烤，有荤有素，共享美景美食。

“有……有……”表示两者都有，一般二者的关系是反义词。例如：

1. 银杏的叶子薄薄的，有大有小，形态各异。
2. 自助餐内有荤有素，可以自由选择喜欢吃的食物。

三、它是深圳东部目前保存最为完好的，也是目前深圳市唯一的文物保护单位。

“是……也是……”表示主语同时具备两种属性。例如：

1. A：原来安娜不仅成绩优异，还是一名班干部啊！
   B：对啊，安娜是上次学习成绩优异奖的获得者，也是优秀班干部。
2. A：深圳是广东省的副省级市，也是粤港澳大湾区四大中心城市之一。
   B：哇！那深圳的经济政治地位不容小觑。

四、围在烤炉旁，我帮你递一下调料，你帮我刷一下辣酱，拿出带来的芥末，同事间的默契尽在不言中。

“尽在不言中”表示大家不用说明含义，也能明白其中的意思。例如：

1. 有时候，兄弟就是这样，尽在不言中。
2. 同学间的默契尽在不言中。

五、其实，这也是心灵的沟通与交流，团友们享受美味食品的同时，也可高歌一曲，或来一段热情奔放的舞蹈，充分展示自己的才华。

“同时”表示同一个时候或者并列关系。例如：

1. 她是我老师的同时也是我的朋友。
2. 周末去公园玩的时候可以野餐，同时也可以放风筝。

六、既然是世外桃源，就要努力保持这一方水土的环境。

“既然……就……”表示已经发生的状况会产生相应的结果。例如：

1. 既然决定了要考深圳大学，就要努力学习。
2. 既然你提前来了，那我们就先开始吧。

练习 Exercises

一、课前热身练习：学生们分享当日新闻、趣事

____

____

____

二、根据课文录音给课文中画线的生词加上拼音

团建	古色古香	热情奔放 ....
节奏	自理	才华 ....
秘诀	依山傍水	细腻 ....
根	鸟语花香	温馨 ....
行程	喧嚣	冲凉 ....
集合	珊瑚	晕车药 ....
田园风光	区域	严禁 ....
首	自助	世外桃源 ....
源于	自力更生	
历史悠久	心灵	

三、根据课文内容判断正（√）误（×）

1. 团建活动是为了加班工作。（　　）
2. 大鹏所城是深圳八景之首。（　　）
3. 本次团建活动有全程优质导游服务。（　　）
4. 在公司集合后各自驾车前往深圳的西部海滨。（　　）
5. 大鹏所城是深圳东部目前保存最为完好的，也是目前深圳市唯一的文物保护单位。（　　）
6. 大鹏所城展现的是岭南地区多见的唐宋古建筑群。（　　）
7. 大鹏所城的游玩时间约120分钟。（　　）
8. 在大澳湾的私家沙滩可以看到美丽的海底珊瑚。（　　）
9. 必须在景区救生人员看护或防护网区域游玩。（　　）
10. 这里的海沙细腻而洁净，堪称东方威尼斯。（　　）

四、根据课文内容，选择正确的答案

1 团建活动不是为了（　　）。

A. 培训团队意识

B. 完成工作任务

C. 放松身心

2 大澳湾有近（　　）宽的浅海沙滩。

A. 100米

B. 1000米

C. 10000米

3 团建当天在公司出发的集合时间与车程是（　　）。

A. 8:30；1.5小时

B. 11:00；30分钟

C. 16:30；1.5小时

4 **大鹏所城是岭南地区不可多见的（　　）古建筑群。**

A. 魏晋

B. 唐宋

C. 明清

5 **深圳今天的别称是（　　）。**

A. 羊城

B. 禅城

C. 鹏城

6 **在抵达大澳湾沙滩后，我们不可以（　　）。**

A. 踏沙、游水

B. 在防护网区域外游玩

C. 抓螃蟹、捡贝壳

7 **假设一家公司一共有29个大人和12个小孩报名参加此次团建，那么总价是多少？（　　）**

A. 5658元

B. 6478元

C. 6838元

8 **以下哪些人可以参加划船活动？（　　）**

A. 35岁公司经理

B. 62岁员工家属

C. 28岁孕期职员

五、选择恰当的词语或短语填空

严禁	心灵	展示	才华	集合	秘诀	保护	喧嚣
历史悠久	鸟语花香						

1. 出发当天老板要求我们八点钟在公司门前__________。

2. 很多人认为成功有__________，只是背后的努力没有被看到。

3. 提高环境__________意识，爱护我们共有的家园。

4. 广州是一座__________的通商城市。

5. 安娜拥有一颗纯洁美好的__________。

6. 每到春天，公园里__________，景色宜人。

7. 他不仅会作曲还会写诗，是一个很有__________的人。

8. 一年一度的才艺大赛给了学生们__________自己的机会。

9. __________在教室里吸烟。

10. 去乡村散散步，远离城市的__________和拥挤的街道。

六、根据课文内容填空

1. 所谓一张一弛，文武之道，是古时帝王______的方法，也是我们现代人合理安排工作和______的秘诀。

2. 该公司的团建方案不管是为了增强同事之间的______、培训团队意识，还是为了______、为新的工作目标充电，都是不错的选择。

3. 乘坐包车前往深圳_____，一路欣赏深圳东部黄金海岸的_____、海滨田园风光。

4. 伙伴们在大澳湾沙滩不仅可以_____、游水、_____、捡贝壳、_____！还可以清晰地看到美丽的______。

5. 请携带如下物品：休闲服、______、风油精、______、止血贴等旅游用品。

七、根据课文内容匹配答案

A. 大鹏古城 B. 自助烧烤 C. 私家沙滩 D. 集合乘车 E. 乘车返回

1. 8:30（ ） 2. 10:00（ ） 3. 11:30（ ）

4. 11:40（ ） 5. 16:30（ ）

八、根据第七题的提示，尝试复述团建的行程安排

九、试一试自己来设计一个团建方案吧

会心一笑

以前

一个大老板一天心血来潮巡视他的一家工厂，看见一个员工正埋着头努力地工作着。

他走过去拍拍员工的肩膀说道：“好好干吧！我以前也是和你一样。”

员工抬起头来，笑一笑，也伸手拍拍大老板的肩膀，说：“你也好好干吧！我以前也是和你一样。”

老板脸色惨白地走开了。

第五课　创业

课文一 Text One

课文一音频

见贤思齐

大　卫：阿龙，我有个韩国朋友想开家进出口贸易公司，希望能退税的。你知道要办哪些手续吗？

阿　龙：我不清楚，不过我有个师兄是这方面的行家，要不你们去跟他聊聊？

大　卫：那太好了。你师兄是做这方面工作的？

阿　龙：其实不是，他在腾讯公司工作。不过他是"百事通"，商务方面的事情，他都很了解。

大　卫：腾讯？就是那个小企鹅？那可是中国有名的大公司啊！而且听说就是深圳大学的校友创办的？

阿　龙：对啊！腾讯不只是深大的骄傲，也是我们深圳的骄傲！

大　卫：深圳知名的公司好像不少呢！在国外知名度最高的是华为。

阿　龙：对，华为不仅是深圳的骄傲，而且是全中国的骄傲！这家公司很有意思。听说二十多年前，他们公司清洁工阿姨的工资都比当时很多大学生还高，不过工作量也大。他们的老板是军人出身，所以公司里面有很多军队管理的特色。他们的员工不管在公司里还是社会上都很守纪律，也都很能干，对自己的公司也都很尊重。而且他们的老板任先生在公司里的讲话，像《华为的冬天》《我的父亲母亲》，不仅在华为打动了很多人，也被很多其他企业和管理机构奉为经典的培训教材……

大　卫：阿龙，一说起华为，你就滔滔不绝、如数家珍呢！

阿　龙：呵呵，华为真的是一个充满了传奇色彩又令人肃然起敬的公司！

大　卫：能把公司办成这样，既挣钱又受人尊重，真的很成功！

阿　龙：深圳的知名企业其实都做得不错，像万科地产、招商银行、中兴、比亚迪汽车、中国国际海运和你们都熟悉的赛格……

大　卫：外国知名公司在深圳设分公司或办事处的也不少吧？

阿　龙：听说有近百家，日本、韩国的知名公司都有，至于美国最出名的嘛，你猜是哪两家？

大　卫：美国出名的公司太多了……哦，我知道了，麦当劳？

阿　龙：哈哈哈，对了！还有沃尔玛！那次我们去美国旅行，导游说，今天的午餐，我们将带大家去全美国最著名的餐厅品尝美食！我们好期待啊！后来有团友问：真的是全美国最著名的吗？导游自信地说：当然，甚至是全球最著名的！ 结果，到了一看——麦当劳！

大　卫：哈哈哈哈，导游说的倒也是真话！对了，我们该怎么跟你师兄联系呢？给他打电话？还是去办公室拜访他，或者请他吃个便饭？

阿　龙：我问问。（发微信……）大卫，师兄问你有没有QQ或微信，他工作时间不方便谈跟工作无关的事，晚上也答应了多陪家人吃饭，也省得你破费了。晚饭后他用微信跟你聊，这样用网络语音文字聊的东西也方便你保存了日后参考。

大　卫：真是三句话不离本行。我有个QQ号，微信也是公司同事帮我申请的，微信真是太方便了！不过公司里传文件什么的还是用QQ，可以传很大的文件、照片，而且速度很快！今晚我加师兄的微信吧。麻烦你告诉我他的微信号。

阿　龙：好的。其实不只是谈事情可以通过网络，现在很多商务活动也可以在网上进行，像开网店、各类培训公司的网上报名、网络课程什么的，这个叫电子商务，节省成本而且比较快速高效，现在挺火的。

大　卫：嗯，是应该考虑考虑电子商务的方式。而且这段时间我和朋友了解了这么多优秀的中国公司，特别是知道这些公司很多就在深圳、就在我们身边的时候，真是让人很激动，觉得充满了干劲！以后不管我们做什么行业、什么工作，也要像那些公司一样，追求做到最好！

生词 New Words and Expressions

1	退税	动	tuìshuì	reimburse duties paid
2	企鹅	名	qǐ'é	penguin
3	创办	动	chuàngbàn	found; build
4	知名	形	zhīmíng	famous
5	清洁工	名	qīngjiégōng	cleaner
6	出身	名	chūshēn	family background
7	纪律	名	jìlǜ	discipline
8	滔滔不绝		tāotāobùjué	dash along
9	如数家珍		rúshǔjiāzhēn	be very familiar with one's subject
10	传奇	名	chuánqí	legend
11	肃然起敬		sùránqǐjìng	be filled with deep esteem
12	办事处	名	bànshìchù	office
13	至于	介	zhìyú	as to
14	期待	动	qīdài	expect
15	便饭	名	biànfàn	simple meal
16	破费	动	pòfèi	spend money
17	日后	名	rìhòu	in the future
18	参考	动	cānkǎo	refer to
19	申请	动	shēnqǐng	apply for
20	电子商务		diànzǐshāngwù	electronic business

语句理解 Sentence Comprehension

一、你师兄是做这方面工作的？

“做……方面（的）工作”“从事……方面（的）工作”常用来说明一个人的职业类型。例如：

1. A：你是做哪方面工作的？

   B：我主要从事软件开发方面的工作。

2. 我想转行做市场策划方面的工作，你有什么好建议吗？

二、不过他是“百事通”。

“百事通”，意思是什么事情都知道，常用来指知识丰富、什么都懂的人。有时也说“万事通”。例如：

1. 他对历史、地理、天文等都有研究，被人们称为“百事通”。
2. 你不是自称“百事通”吗？怎么连个饭店都找不到？

三、不仅在华为打动了很多人，也被很多其他企业和管理机构奉为经典的培训教材……

“不仅”，意思是不但，不只是，用在第一个分句中，第二个分句里常有“也”或“还”与之呼应。例如：

1. 小女孩不仅可爱，也很聪明。大家都很喜欢她。
2. 父母不仅在物质上给予我很多，在精神上也一直默默地支持着我。真的非常感谢他们。

“被……奉为”，被敬奉为，被当作。例如：

1. 历史上的关公一直被现代人奉为财神。
2. 《孙子兵法》是最早的兵书之一，被中国人奉为兵家经典。

四、听说有近百家，日本、韩国的知名公司都有。

“近”，将近，意为差不多，后接数量词。例如：

1. 这次事故很严重，造成了近百人的伤亡。
2. 据报道，2020年11月深圳公务员考试有近16万人报名。

五、至于美国最出名的嘛，你猜是哪两家？

“至于”表示提起另外的事，引出新的话题。用在分句的开头。例如：

1. 你的笔试已经通过了，至于面试，我们到时候再通知你具体的时间，你自己先好好准备吧！
2. 这次比赛你尽力就行，至于结果，没有你想象的重要。

六、他工作时间不方便谈跟工作无关的事。

“跟……无关”，意思是跟……没有关系。例如：

1. 这件事情我根本就不知道，当然跟我无关。
2. 优秀的人是有责任有能力的人，是综合素质高的人，跟学历无关。

七、真是三句话不离本行。

“三句话不离本行”是指人说话时常常离不开与自己本行业相关的人或事物。例如：

1. 他一张嘴就说他的生意怎么样，员工怎么样，真是三句话不离本行。
2. 我们几个同事坐在一起，自然是三句话不离本行，一边喝着咖啡，一边谈论着公司的发展以及对前景的担忧。

练习 Exercises

一、课前热身练习：学生们分享当日新闻、趣事

____

____

____

二、根据课文内容填空

大　卫：阿龙，我有个韩国朋友想开家进出口贸易公司，希望能______的。你知道要办哪些______吗？

阿　龙：我不清楚，不过我有个师兄是这方面的行家，他在腾讯公司工作。他是一个“__________”，商务方面的事情，他都很了解。

大　卫：腾讯？就是那个__________？那可是中国有名的大公司啊！而且听说就是深圳大学的校友创办的？

阿　龙：对啊！腾讯不只是深大的骄傲，也是我们深圳的骄傲！

大　卫：深圳__________的公司好像不少呢！在国外知名度最高的是华为。

阿　龙：对，华为不仅是深圳的骄傲，而且是全中国的骄傲！这家公司很有意思。他们的老板是军人__________，所以公司里面有很多军队管理的特色。他们的员工不管在公司里还是社会上都很守__________，也都很能干，对自己的公司也都很尊重。

大　卫：阿龙，一说起华为，你就__________、__________呢！

阿　龙：呵呵，华为真的是一个充满了______色彩又令人______的公司！

三、连线搭配词语

守	企业
传	纪律
创办	成本
节省	文件

四、选择恰当的词语或短语填空

破费　申请　至于　日后　参考　守时　电子商务

1. 甲：哦，你来了！刚好是咱们约定的时间，你真______。快进家来吧！

乙：这是我的一点儿小心意！

甲：哎哟，你看你，来就来了，还带什么礼物呢！真是让你 ______了。

乙：哪里哪里！今天是我第一次登门拜访嘛。再说，______还要劳您费心，多多关照呢！

甲：对了，今晚你想吃些什么？是去毛家饭店还是去凤凰楼酒店？

乙：随意吃顿便饭就可以了，别去什么大饭店了吧。

2. 甲：我们公司最近打算购买一批新的设备。旧设备已经用了很多年了，许多零件都已经老化了。

乙：这是我们产品的详细资料，你可以______一下，看看哪一款设备比较合适。

甲：我们希望这次能买到既环保又节能的设备。

乙：那您看看JF−169A型号的产品。我为您介绍一下。首先，它属于节能型设备，对能量的消耗相对较小；其次，这款产品的外壳全部采用优质钢材，使产品更美观、更耐用。

甲：嗯，东西是不错，只是价格超出我们的预算了。

乙：您要是真的觉得我们产品可以的话，______价格，我们还可以再商量。

3. 甲：听说他的公司倒闭了，这一定让他很受打击吧！他最近怎么样了？

乙：他天生就是个坚强的人，所以这次公司的事情不但没有打倒他，反而更激起他的斗志了！

甲：我一直认为他们公司的产品其实不错，就是他们公司对产品的宣传做得不好！

乙：他也意识到了。所以最近也开始在网络上______域名、设立网址，应用______开拓市场、推销产品了。

五、用课文中学过的词语或句式改写下列句子

1. 我的工作属于教育类。［从事……方面（的）工作］

____

2. 今天下午我们谈到了他喜欢的那部电影，于是他一直不停地讲了整个下午！（滔滔不绝）

____

3. 有差不多一百家企业竞争这个工程（近）。

____

六、小辩论：电子商务优于传统的商业运营模式。你同意这个说法吗？为什么？

____

____

____

七、回答问题

1. 你觉得班上谁称得上是“百事通”？

2. 和大家说一下入学的时候需要办理哪些手续？

3. 分享一段你觉得很有意思的经历。

4. 你身边有没有什么传奇人物？或者你心中有没有这样一位传奇人物？为大家介绍一下他们。

5. 说说你对电子商务的了解。

6. 说说你们国家比较知名的企业。

八、实践题

请你考虑当一次网店老板。决定好要卖的产品/服务后，设计自己的电子商务网站首页，并向同学们介绍自己的产品和网站（可以是公司的，也可以是网店的，等等）。

课文二 Text Two

课文二音频

我在深圳当老板

马克是深大的留学生。他不仅十年如一日做志愿者，在深圳免费教残疾孩子弹钢琴，更开设了连锁餐厅“木屋烧烤”。像他这样在深圳创业的老外，越来越多。我们参考下面的采访提纲，走访了几位在深圳创业的老外。

1. 请你简单介绍一下自己和你的公司。
2. 在深圳创业时你觉得哪个挑战比较大，语言还是文化差异？还有别的吗？
3. 你当年选择在深圳创业的原因是什么？
4. 创业过程中有哪些令你印象深刻的小故事？
5. 创业过程中你遇到过哪些困难？你是怎么解决的？
6. 你开公司前做了哪些准备？
7. 你是一个人创业，还是与朋友或家人一起？你们想法不一样的时候怎么办？
8. 创业过程中你得到过什么帮助？
9. 你认为创业最艰难的部分是什么？你是怎么度过的？想过放弃吗？
10. 对那些刚开始创业的人，你有什么建议？

谢谢！

百太郎，男，日本

世英品贸易（深圳）有限公司

我是在深圳创业二十年的日本人，我的公司经营音响、汽车金属片加工贸易。20年前我刚来深圳创业的时候，语言和文化对我都是很大的挑战。为了尽快开展工作，我自己学习汉语。那时觉得中国人跟日本人的想法完全不一样，我需要时间理解他们的想法。

我读大学的时候去过二十多个国家旅行。到了深圳，我看到这里很有生机，是个适合创业的城市。我的父亲在日本也是自己创业的，所以对我来说，创业是挺自然的事。

印象深刻的一件事是创业初期有一次我发了订单后，工厂做的产品不符合我的要求，质量非常低，我只能把所有的产品都扔掉了。

关于“质量”，那时我跟深圳的工厂总是不能达成共识。所以我花了很多时间跟他们讨论什么是“质量”。

开公司前，我除了学习汉语，还找了有创业经验的人，向他们请教。

我是自己一个人在深圳创业的，不过开始的时候，我父亲的中国朋友给我帮忙租办公室、注册公司什么的。

我们送给百太郎先生的扇面

创业过程中，我觉得最难的是文化差异的问题。这没有捷径，就是不断地交换想法、彼此交流，慢慢地就好起来了。

创业有困难是正常的，我没有想过放弃。

不管在国内还是在国外创业，都一定要认定自己的目标，然后向那个目标不停地努力，这很重要。

黛博拉（Deborah），女，意大利

雷小贝设计公司

我是2012年从威尼斯到深圳的。

2017年，我与另一位意大利建筑师和一位中国同事在深圳成立了一家设计公司。中文名为“雷小贝设计公司”，英文是Lapis Bureau Creative Design Agency。

在深圳创业时，中文对我来说无疑是一个很大的挑战。在设计的时候，为了可以把西方的建筑理论应用到中国人的生活方式中，我不得不花很多的时间和精力学习汉语。我们公司的不少客户是喜欢西方设计概念的中国人。

开自己的公司前，我在一家深圳设计公司做了6年的建筑设计师兼项目经理。同时，我找了家教帮助我学习汉语。后来，我干脆辞了工作，进入深圳大学学习商务汉语。

运作一个公司、处理商业事务、做一个创业者都很难，都需要时间和精力的投入。你得相信自己，相信你所做的事情，并且时刻充满热情和动力。

我得到了家人特别是丈夫的支持，他们的确在我的事业上给了我很多力量。

万事开头难。当一切都还未就绪时，可能会让人感到沮丧。其次，寻找客户，管理好生意和家庭的时间，也不容易。作为一个女人、一个妻子和一个母亲，既有挑战性又有趣。我希望我在工作上的努力可以为其他人树立榜样。

对刚开始创业的人，我的建议是要相信自己，并且要一直追求梦想。做事时要考虑优先顺序，注重方法。在我们公司，我们总是讨论一个项目“是如何工作的”，而不是“它看起来如何”。

黛博拉在某奢侈品年会上发言

乔尔·海恩斯，男，加拿大

太平松体育集团

我叫乔尔·海恩斯（Joel Haines），是太平松体育集团的联合创始人兼联席CEO。

太平松体育集团旗下有五星篮球学院、五星网球学院和五星足球学院。

我2006年来到深圳，在做了一年的高中英语教师后，我决定到深圳大学学习中文。在来到中国四年后我开始兼职做篮球教练，之前我在加拿大做过12年篮球教练，比较有经验。很快学员不断增加，兼职不能满足需要了，我决定开始做全职的篮球培训。

从最早的2013年只有3位学员，到2017年以深圳为总部，我们快速覆盖全国一线城市，在线学员超3000人，并在2018年与美国职业高尔夫协会（PGA）达成20年的大中华区独家合作，2019年底成功获得800万美元的A轮融资，与中国平安等公司达成深度合作。

深圳是一个相当开放的城市，鼓励商业和企业发展。我相信经营一家企业所面临的挑战在任何地方都是大同小异的，招聘员工、平衡预算、扩大客户基础、确保客户满意度都是必须解决的基本问题。

最难忘的是在科比·布莱恩特的一次中国之行中，我们的团队与他见面并向他介绍我们的训练。他坐在一张桌子旁，听我们的介绍，他说我们团队每一个人的热情都令人难忘。我们之前并不知道会见到他，那次是意料之外的惊喜。我们很激动。

科比·布莱恩特与太平松团队在一起

创业过程中遇到过的困难层出不穷，每天都有问题要解决。在解决问题时，跟团队合作，征求他们的想法，寻求外部人员的意见，并在企业内建立专门的团队，直接解决主要问题，这都很有帮助。

关于创业，企业家的思维是，在没有真正把每件事都考虑清楚的情况下，就一头扎进去。虽然有传统的创业之路，但我做的是我喜欢的事情——青少年篮球教育，并在正确的时间和地点遇到了这种机遇。我想我从来没有预料到它会有多么困难，旧的问题会被新的挑战所取代，而随着时间的推移，一致性是关键。另外可能需要一些运气的成分。

我们现在有一个董事会，有不同的意见时，大家总是讨论，一旦最终做了决定，每个人都要支持。

创业路上得到过很多帮助，很多人给我们建议。在创业初期，不少学员的父母经常推荐朋友，甚至提供设施给我们。

我们业务最困难的年份是2019—2020年。业务合并、组建新公司的过程中，又遇到新冠肺炎疫情。我们选择了共同面对。我们也曾经有过放弃的想法，但放弃从来不是一个真正的选择。随着企业的发展，越来越多的人依赖它作为他们的生活方式，支持他们的家庭，创造未来。坚持，相信所有问题都能解决，忍耐力都是必备的特质。

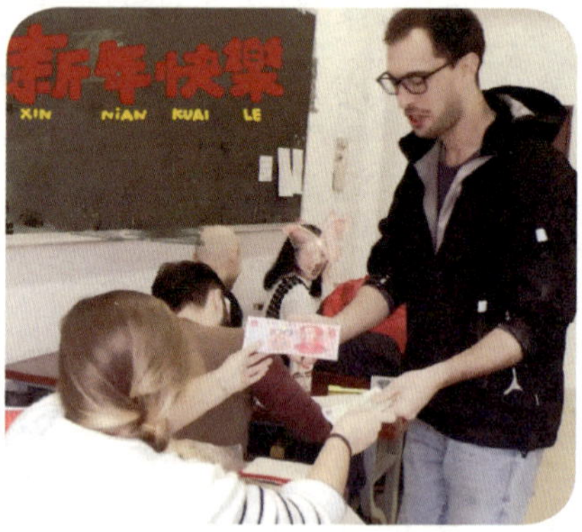

教室里的“拍卖会”

开始创业，弄清楚你的核心是什么，一旦找到了就坚持下去。学习你所能学习的，听播客，阅读书籍，找到能协助你完成梦想的人。

生词 New Words and Expressions

1	志愿者	名	zhìyuànzhě	volunteer
2	连锁	名	liánsuǒ	chain
3	采访	动	cǎifǎng	interview
4	提纲	名	tígāng	outline
5	挑战	名	tiǎozhàn	challenge
6	音响	名	yīnxiǎng	stereo equipment
7	质量	名	zhìliàng	quality
8	扔掉	动	rēngdiào	throw away
9	注册	动	zhùcè	register
10	建筑师	名	jiànzhùshī	architect
11	无疑	副	wúyí	undoubtedly；beyond doubt
12	理论	名	lǐlùn	theory
13	家教	名	jiājiào	home tutor
14	集团	名	jítuán	group
15	联合	名	liánhé	union
16	兼职	名	jiānzhí	part-time job
17	独家	形	dújiā	exclusive
18	直接	形	zhíjiē	direct
19	机遇	名	jīyù	chance；opportunity
20	关键	名	guānjiàn	hinge；key
21	放弃	动	fàngqì	give up；abandon
22	依赖	动	yīlài	rely on

语句理解 Sentence Comprehension

一、他不仅十年如一日做志愿者，在深圳免费教残疾孩子弹钢琴，更开设了连锁餐厅“木屋烧烤”。

“十年如一日”指长时间坚定不移地做同样的事情，常用来形容某人做事坚持不懈。例如：

1. 一位母亲带着女儿十年如一日读了七百本书。
2. 他十年如一日地坚持跑步。

二、创业过程中有哪些令你印象深刻的小故事？

“印象深刻”表示记忆的程度很深，留在内心深处。例如：

1. 深圳的基础建设令他印象深刻，他回国之后还一直念念不忘。
2. 大卫自信流利的汉语演讲让评委们印象深刻。

三、关于“质量”，那时我跟深圳的工厂总是不能达成共识。

“达成共识”表示双方消除了分歧，意见一致。例如：

1. 达成共识后，他们迅速展开了行动。
2. 我们最终达成了共识，决定收养这只小狗。

四、开公司前，我除了学习汉语，还找了有创业经验的人，向他们请教。

“除了……还……”表示两者都包括的意思。例如：

1. 我除了爱唱歌，还喜欢游泳。
2. 他除了学习汉语，还在学习中国舞。

五、我相信经营一家企业所面临的挑战在任何地方都是大同小异的。

“大同小异”表示大部分相同，只有小部分不同，总体差异不大。例如：

1. 你们两个人的观点大同小异，不要再争论了。
2. 这两件衣服的款式看起来大同小异，价钱却相差很多。

六、创业过程中遇到过的困难层出不穷，每天都有问题要解决。

“层出不穷”指接连不断地出现，没有穷尽。例如：

1. 近年来，电信诈骗的手段层出不穷，我们必须提高警惕。
2. 学校里助人为乐的故事层出不穷。

练习 Exercises

一、课前热身练习：学生们分享当日新闻、趣事

____

____

____

二、根据课文录音给课文中画线的生词加上拼音

志愿者 …………	注册 …………	独家 …………
连锁 …………	建筑师 …………	直接 …………
参考 …………	无疑 …………	机遇 …………
采访提纲 …………	理论 …………	关键 …………
挑战 …………	家教 …………	放弃 …………
音响 …………	集团 …………	依赖 …………
质量 …………	联合 …………	
扔掉 …………	兼职 …………	

三、根据课文内容判断正（√）误（×）

1. 马克是我们深大的留学生。（ ）
2. 黛博拉曾因为工厂的产品不符合她的质量要求而把产品都扔了。（ ）
3. 百太郎一个人在深圳创业，自己亲自租办公室、注册公司。（ ）
4. 雷小贝设计公司的不少客户是喜欢西方设计概念的中国人。（ ）
5. 黛博拉不仅找了家教帮助她学习汉语，后来还干脆辞了工作到深圳大学学习商务汉语。（ ）
6. 乔尔曾经是一名高中英语老师。（ ）
7. 太平松体育集团在2018年与美国PGA高尔夫协会达成20年的大中华区独家合作。（ ）

四、根据课文内容，选择正确的答案

1 对于20年前刚来深圳创业的百太郎来说，（ ）是很大的挑战。

A. 语言和文化

B. 资金与人脉

C. 场地与设备

2 开公司前，百太郎没有（ ）。

A. 学习汉语

B. 向有经验的人请教

C. 亲自去注册公司

3 黛博拉是哪国人？（ ）

A. 日本

B. 意大利

C. 加拿大

4 特别是（ ）的支持，给了黛博拉很多的力量。

A. 丈夫

B. 父母

C. 孩子

5 **在黛博拉的公司，他们总是讨论一个项目（　　）。**

A.“它看起来如何”

B.“为什么要这么做”

C.“是如何工作的”

6 **哪位创业家的团队曾与科比·布莱恩特有过交流？（　　）**

A. 百太郎

B. 黛博拉

C. 乔尔

7 **业务最困难的时候乔尔选择（　　）。**

A. 和团队共同面对

B. 放弃

C. 等待

五、选择恰当的词语或短语填空

关键	家教	机遇	无疑	依赖	兼职	连锁
直接	扔掉	放弃				

1. 麦当劳是著名的__________快餐品牌。
2. 在中国工作时中文对外国人来说__________是一个很大的挑战。
3. 安娜课后通过做__________来赚取生活费。
4. 我向一名路人问路，他 __________送我到了目的地。
5. 要想单词记得牢，__________是要多复习。
6. 懒惰的人容易错失__________。
7. 我们要认真对待每一件事，不能轻易__________。
8. 过度__________手机容易忽视身边的一切。
9. 他白天在公司里上班，晚上__________做服务员。
10. 快点收拾一下你的房间，把不要的东西都__________。

六、根据课文内容填空

1. 为了尽快开展工作，我自己__________。
2. 创业有__________是正常的，我没有想过__________。
3. 对刚开始创业的人，我的建议是_______，并且要一直_______。
4. 做事时要考虑__________，__________。
5. __________、平衡预算、__________、确保客户满意度都是必须解决的基本问题。
6. _________，相信所有问题都能解决，_________都是必备的特质。

七、参考文章的采访提纲，写一写你在深圳的工作/创业的故事/计划

会心一笑

量词

有一次，有个外国人请大家吃饭。他在厨房里做菜的时候要用刀，就跟旁边的人说：“快！给我一刀！”

小心地[de]滑

“为什么很多地方都会立一块牌子，让人‘小心地[de]滑’？”

第六课　参观

课文一 Text One

课文一音频

知己知彼，百战不殆

早上七点多

大　卫：喂，阿龙？

阿　龙：（被吵醒）大卫，这么早，发生了什么事吗？

大　卫：没有！我刚刚运动了四十分钟，现在在麦当劳吃早餐呢！

阿　龙：听起来你心情很好啊。

大　卫：对啊对啊！我心情一好，就想起你妈说让我多带动带动你，别让你老是睡懒觉！

阿　龙：你饶了我吧！看来你心情好对我来说不是什么好事。

大　卫：哈哈哈…… 要不你接着睡吧？

阿　龙：算了吧，哪里还睡得着啊！对了，你心情这么好，该不是有女朋友了吧？

大　卫：不是。我们公司最近业务拓展，今天我要陪王经理去工厂参观。这还是我第一次去参观中国的工厂呢。我喜欢生活中有不一样的体验和见识。

阿　龙：你们的工作做得真细，还亲自到工厂去考察对方的实力。

大　卫：对啊，这是你爸爸教我的：知己知彼，百战不殆嘛！

去工厂的路上

王经理：大卫，工厂大概在什么位置？

大　卫：在深圳的东北部，坪山大工业区，原来龙岗区的一部分。

王经理：那离龙岗的大运会场馆不远喽？

大　卫：不太远。

王经理：太好了！我正想去那边转转呢。听说大运会后的龙岗，像个大花园一样。

大　卫：是很漂亮，不仅绿化好，街道整洁，整个龙岗中心城还颇有些欧洲小镇的味道呢！

王经理：那咱们参观完工厂就过去看看。

大　卫：好啊！听说那里还有不少地道的美食，东西好吃有特色又不贵……

王经理：明白啦！请你吃午饭！

大　卫：嘿嘿，便宜的，我请吧！

在工厂

大　卫：张先生，您好！我是在电话里跟您联系过的大卫。这位是我们王经理！

张先生：（伸手）您好，大卫！您好，王经理！

王经理：您好！这是我的名片。我们公司最近想签一批电脑音箱的订单，听说你们的产品性价比不错，所以想来进一步了解一下。

张先生：谢谢你们的关注和信任。我先带你们参观一下工厂吧。咱们边走边聊。

王经理：太好了。请问贵公司的主要产品是什么？

张先生：（拿出一份公司简介）这是我们公司的介绍。我们主要经营电声设备。产品包括专业舞台音响设备、KTV音响设备和各类扬声器。下面那些都是我们的生产线。

大　卫：啊，你们的工厂设计真先进啊，在二楼办公区，隔着玻璃就可以看到整个工厂车间运行的情况了。

张先生：是的，这样不仅方便我们管理人员的随时监管，而且减少了对一线生产的干扰。

王经理：你们这个厂建成投产多少年了？

张先生：十多年了。我们是港资企业，当时也学习引进了日本同类企业比较先进的工厂建设和管理理念。

大　卫：难怪！

张先生：我们的产品中，多媒体音响广受用户好评，型号全，价格上高、中、低都有。产品远销东南亚、西欧、北美、中东、东欧等的60多个国家和地区。我们的产品，从材料到零件，都是精心选用的。

王经理： 我看到你们的产品设计也很用心，风格时尚、典雅、个性、经典。特别是那款GS–6000，让人在享受影音效果的同时，也像在欣赏一件艺术品呢。

张先生：谢谢！谢谢您的认同和赞誉。那个型号正好是我亲自参与研发设计的。

王经理：是吗？我们听说您本身就是这个行业的专家，但没想到已经当老板了，您还在亲自参与一线的工作……难怪你们的产品有这么好的口碑呢！

张先生：惭愧惭愧！跟世界一流的音响产品比，我们还有很大差距。

王经理：你们的价格也低不少啊。现在消费者都很看重性价比。我们也是在比较了很多家产品以及了解我们目标客户的消费习惯后，才决定跟你们进一步接触的。那么，可以了解一下你们的具体价格吗？

张先生：好的，这是我们最新的价格表。

王经理：你们的报价都是CIF价吧？

张先生：对，成本加上运费和保险费的到岸价。

王经理：我能了解下FOB报价吗？

张先生：船上交货价也有，但一般我们需要先了解贵公司大概的订货量。

大　卫：我们的订货量取决于你们的报价。

王经理：对啊！

张先生：这样啊，好吧，我马上叫人送一份FOB报价过来。咱们先互相了解，再进一步沟通。难得王经理对我们的产品有独特的见解和认识，我感觉像遇到了知音一样。要不，中午就留在这吃顿便饭吧？附近有几家很有特色的餐馆。

王经理：这个……

大　卫：……

生词 New Words and Expressions

1	饶	动	ráo	pardon
2	业务	名	yèwù	business
3	拓展	动	tuòzhǎn	expand
4	体验	名	tǐyàn	experience
5	考察	动	kǎochá	inspect; investigate
6	实力	名	shílì	actual strength
7	订单	名	dìngdān	order for goods
8	性价比	名	xìngjiàbǐ	value for money
9	关注	名	guānzhù	attention
10	经营	动	jīngyíng	manage
11	扬声器	名	yángshēngqì	loudspeaker
12	生产线	名	shēngchǎnxiàn	beltline; production line
13	先进	形	xiānjìn	advanced
14	运行	动	yùnxíng	run; work
15	监管	动	jiānguǎn	supervise
16	干扰	动	gānrǎo	interfere; disturb
17	引进	动	yǐnjìn	import; bring in
18	理念	名	lǐniàn	idea
19	多媒体	名	duōméitǐ	multi-media
20	型号	名	xínghào	model
21	典雅	形	diǎnyǎ	elegant
22	认同	名	rèntóng	recognition; approval
23	赞誉	名	zànyù	appreciation; compliment
24	口碑	名	kǒubēi	public praise
25	惭愧	形	cánkuì	be shamed
26	差距	名	chājù	gap
27	报价	名	bàojià	quotation
28	知音	名	zhīyīn	bosom friend

语句理解 Sentence Comprehension

一、知己知彼，百战不殆。

“知己知彼，百战不殆”，意思是如果对我方和敌方的情况都很了解，那打起仗来即使百战都不会有危险。现在常用这句话来表示要想取胜、要想获得成功，就一定要去了解及掌握对方的情况。例如：

1. 想在比赛中获胜，先要去了解你的竞争对手。知己知彼，百战不殆嘛！

2. 我相信“知己知彼，百战不殆”。当你既了解自己，又了解对方的时候，成功的概率就会很高。

二、你心情这么好，该不是有女朋友了吧？

“该不是……”表示根据某种情理或经验猜测可能出现的情况。例如：

1. 你这么关心他，该不是爱上他了吧？

2. 他这么晚还没回家，该不是出什么意外了吧？

三、整个龙岗中心城还颇有些欧洲小镇的味道呢！

“颇”是书面语，意为很、相当。例如：

1. 他写的短文虽然可笑，但是颇有道理。

2. 我们对贵公司的产品颇感兴趣，希望贵公司能发一些有关产品的详细资料供我们参考。

四、难怪！

“难怪”，怪不得，表示明白了原因以后，对某种情况不再觉得奇怪。例如：

1. 难怪他一言不发的，原来刚被老板责骂过。
2. 宿舍这么小，又没空调又没冰箱，难怪他想搬走。

五、多媒体音响广受用户好评。

“广受……好评”，表示得到了广泛称赞和支持。“受”后面的宾语可以省略不说。例如：

1. 政府举办的这次活动，广受好评。
2. 由于电影制作精美，演员演技一流，广受观众好评。

六、我们的订货量取决于你们的报价。

“取决于”，表示（由某种因素、情况）决定、决定于。例如：

1. 能不能实现自己的理想，取决于你努力的程度。
2. 公司能不能发展壮大，完全取决于我们这个团队是不是齐心。

练习 Exercises

一、课前热身练习：学生们分享当日新闻、趣事

____

____

____

二、根据课文内容填空

1. 早上七点多

大　卫：我们公司最近______拓展，今天我要陪王经理去工厂参

观。这还是我第一次去参观中国的工厂呢。我喜欢生活中有不一样的______和见识。

阿　龙：你们的工作做得真细，还亲自到工厂去________对方的实力。

大　卫：对啊，这是你爸爸教我的：________，________嘛！

2. 在工厂

王经理：您好！这是我的名片。我们公司最近想签一批电脑音箱的______，听说你们的产品______不错，所以想来进一步了解一下。

张先生：谢谢你们的______和信任。我先带你们参观一下工厂吧。咱们边走边聊。

王经理：太好了。请问贵公司的主要产品是什么？

张先生：我们主要______电声设备。产品包括专业舞台音响设备、KTV音响设备和各类______。下面那些都是我们的______。

大　卫：啊，你们的工厂设计真______啊，在二楼办公区，隔着玻璃就可以看到整个工厂车间______的情况了。

张先生：是的，这样不仅方便我们管理人员的随时______，而且减少了对一线生产的______。

三、连线搭配词语

体验	差距	设计	繁忙
增长	实力	监管	先进
引进	见识	业务	有力
缩小	生活		
考察	理念		

四、选择恰当的词语或短语填空

业务	实力	难怪	先进	订单	体验	关注	型号
优惠	该不是	生产线	性价比				

1. 甲：您好！有什么可以帮您？

乙：我听说最近你们“中国移动”在做一个优惠活动。

甲：对。我们最近推出了话费套餐______。这个套餐价廉物美，______很高的！

乙：哦，是吗！那我就先试一个月吧。

甲：好的，您可以先______一下，觉得好的话可以下个月再申请续订。

2. 甲：你听说了吗？柯达公司昨天申请破产了！

乙：真的吗？

甲：哎！你也太不______时事新闻了，这件事都传得沸沸扬扬了。

乙：哦，______我今天老听见同事提到柯达，原来是它破产了！

甲：就是啊。

乙：可是……______你听错了吧？毕竟柯达是个很有______的大公司，怎么会说破产就破产了呢？

甲：咳，错不了。据说柯达破产的原因之一是缺少创新，它的很多竞争对手的产品都比它的更高级、更______。

乙：看！这报纸上说柯达已经和花旗银行进行了有关融资事宜的______谈判呢。

3. 甲：欢迎参观我们工厂！您看，这就是我们的音响______，我们的音响就是在这里进行生产和装配的。

乙：哦，你们这个厂房真大啊。

甲：呵呵，因为公司发展速度较快，所以去年就扩建了厂房，扩大了生产规模。

乙：这就是那款GS-6000吧？

甲：哦，不是的。这是另一个________的产品，就是我们办公室那张宣传海报上的那款。

乙：嗯，看了你们的工厂我觉得很不错。那么就按照我们刚才谈的那样下单吧！

甲：好的。那我们现在就回办公室再次确认一下您的______吧。

五、读句子，注意句子中画线部分的用法

1. 介绍一款性价比比较高的电子产品。
2. 你最近在关注什么？
3. 你了解你手机的型号吗？
4. 欢迎您来我们公司参观、考察。

六、用画线的词造句

1. 你心情这么好，该不是有女朋友了吧？

____

2. 整个龙岗中心城还颇有些欧洲小镇的味道呢！

____

3. 难怪！

____

4. 多媒体音响广受用户好评。

____

5. 我们的订货量取决于你们的报价。

____

七、角色扮演

杰克去东门逛街，走进了一家背包店。他买包的预算是300元，但这不能告诉售货员。讲价大战必不可少。讲价过程中各自采用自己擅长的方式，自主发挥。

杰克的目标：

让300元的价值最大化。

朱莉（售货员）的目标：

总销售额越高利润越高，个人提成越多。

八、实践题

下面是一封有关订货的书信，请阅读后，写一封回信。

海潮贸易公司经理李先生：

2月14日惠寄的电脑音箱估价单已收到，其中CIF价格及订购的优惠条件我们公司都能接受，现寄上订货单一张，订单号码是×××号。

收到订单后，请核对每项产品的价格、颜色和规格，并请仔细核证每项产品的总值。若一切都没有问题，请寄给我们一份售货确认书、保单、提单和发票等有关海运文件，以便存档，谢谢。

专此。

敬祝

大吉！

华博公司出口部经理　赵子龙

2022年2月26日

课文二 Text Two

课文二音频

华为“007”

可能地球人都知道，深圳有个很牛的企业叫“华为”。很牛的企业往往由一群很牛的人组成。华为里面卧虎藏龙，那可不是吹的。

不少人参观过华为的对外展示中心，却少有外人见识过华为内部的样子。今天我们带大家参观一下，顺便介绍个牛人——华为“007”。

华为松山湖欧洲小镇

在华为园区有两个令人震撼的地方：一个是在深圳坂田的华为总部里，有一个特别的建筑物：原机加中心。原机加中心里面别有洞天，是中西合璧的精华。里面一边是川西坝子，有梯田、商业街；另一边是西式金碧辉煌的宫殿，美轮美奂。在宫殿大堂的显眼之处，挂着一幅巨型的油画：《拿破仑加冕大典》。该作品场景宏大，人物众多，栩栩如生。还有一个震撼人的地方在东莞华为松山湖欧洲小镇，里面有12个不同风格的建筑组团，园区内部通过小火车串联起来，现在是网红打卡点。这里最漂亮的区域当属华为大学，华为大学图书馆是一幢穹顶结构的古典大气的建筑，里面藏书丰富；园区内还建了个艺术长廊，摆放着各种中西画作、雕塑……这些都令人叹为观止！华为大学图书馆对面的湖边餐厅里，挂着几幅画，反映了海外华为员工在艰苦地区奋力拼搏的工作场景，是华为文化的生动写照。

这几幅画和华为艺术长廊的内部规划及艺术品选择及布局，都是出自同一个人。他就是华为“007”——老曹。这个“007”跟特工无关，却跟詹姆斯·邦德

（James Bond）一样令人既羡慕又佩服。“007”是老曹的华为工号，他牛得很特别。老曹并非专业画家，而是一个理工男，是奠定了华为万亿帝国基础的数字程控交换机首任项目经理，华为拉美市场的开拓者，现被返聘任华为艺术顾问。

老曹的作品

老曹出身于书香门第，自己却无缘踏入大学校门，在硕士、博士扎堆的华为公司研发部，老曹是个异类。他在“文化大革命”后期上山下乡，“文化大革命”结束后他父亲落实政策为他争取到招工的指标，因此放弃了高考，后来考取了北京邮电大学的函授生，并自学了程控交换机的知识。就是这么个人，被任总慧眼识珠，委以重任，在1991年底领导着一批以国内重点大学毕业的硕士为主体的年轻人开始了数字程控交换机的开发，并取得了巨大的成功。

老曹还是个运动健将，在中学时的校田径运动会上拿冠军拿到手软。他也被誉为华为高尔夫球第一人，其球风精、准、狠，杆数达到高尔夫球专业运动员的水准。早期华为的研发办公区里都摆放着乒乓球台，研发人员不用出办公室就可以锻炼身体，老曹那时在研发部里就是“球霸”。老曹因领导数字交换机研发有功被提拔为公司副总工程师，后来调到市场部任副总经理，一次公司组织篮球比赛，老曹在场上身轻如燕，如入无人之境，一场比赛下来，市场部总共得了40多分，老曹一人独得30多分。

话说艺多不压身。老曹还在北京的时候，有个女同事要帮朋友买把二胡，因为对乐器不懂，就请老曹和另外一个同事一起去当参谋。老曹帮忙试琴时拉了一小段《二泉映月》，女同事有点吃惊，说你会这个？老曹又用小提琴拉了《梁祝》的主旋律，她问还会啥？老曹又在钢琴上弹了一下贝多芬的《致爱丽丝》。女同事说她妈妈在学古筝，老曹说我也能弹《渔舟唱晚》，有机会跟阿姨切磋切磋。过节的时候，老曹又亲自下厨做了一桌子菜……这谁还招架得住，晚餐后女同事问：你能为了我把烟戒了吗？

曹贻安先生在伦敦家中绘制《拿破仑加冕大典》

作者和陈会荣先生参观华为画廊

老曹从此不碰香烟，女同事成了曹太太。

老曹结婚后不得不从华为辞职，因为当时公司有一个不成文的规定：夫妻两人只允许一人在公司工作，一般都是一结婚女方就离开公司相夫教子去了，而老曹却从此过上了“相妻教子”的家庭“主夫”生活。

其实老曹原来并无绘画基础，从公司辞职后，闲来无事，就去深圳大芬村学画画。学了一段时间，有次任总看了他画的一幅画觉得不错，就拿去挂在了公司的高培中心，哪料被海外的一个客户看中，老板就做主送给了客户。从此，老曹在国外陪孩子读书，闲时专注作画搞艺术。

老曹这么牛，让我们这些普通男人情何以堪。好在他也有“黑”的地方。他太太刚认识他的时候说：这是黄种人吗？皮肤怎么这么黑！还有，他作为项目组领导，不以身作则，经常提前到食堂打饭吃，还常常“霸屏”（霸占乒乓球桌），因自由散漫被老板“杀鸡给猴看”……凡此种种，哈哈！不过，瑕不掩瑜，在他的领导下，数字交换机项目取得了巨大的成功，为华为公司的发展作出了历史性的贡献。

（本文由前华为研发/财务总监陈会荣先生特意为本教材撰写，文中的老曹，即曹贻安先生亲自提供画作图片。想了解更多相关的内容，请参考田涛的《华为访谈录》）

生词 New Words and Expressions

1	吹	动	chuī	boast
2	震撼	动	zhènhàn	shock
3	中西合璧		zhōngxīhébì	be a combination of Chinese and Western features
4	梯田	名	tītián	terraced fields
5	金碧辉煌	形	jīnbìhuīhuáng	resplendent and magnificent
6	显眼	形	xiǎnyǎn	conspicuous
7	加冕	动	jiāmiǎn	coronate
8	栩栩如生	形	xǔxǔrúshēng	as vivid as life
9	网红	名	wǎnghóng	internet-famous people/things
10	穹顶	名	qióngdǐng	dome
11	写照	名	xiězhào	portrayal
12	布局	名	bùjú	layout
13	特工	名	tègōng	agent
14	顾问	名	gùwèn	consultant
15	书香门第		shūxiāngméndì	a family of scholars
16	异类	名	yìlèi	heterogeneity
17	函授生	名	hánshòushēng	correspondence student
18	自学	动	zìxué	study on one's own
19	运动健将		yùndòngjiànjiàng	master of sports
20	被誉为		bèiyùwéi	be hailed as
21	主旋律	名	zhǔxuánlǜ	theme
22	切磋	动	qiēcuō	learn from each other by exchanging views
23	招架	动	zhāojià	ward off blows
24	相夫教子	动	xiàngfūjiàozǐ	assist one's husband and educate the children
25	凡此种种		fáncǐzhǒngzhǒng	all these kinds of things
26	瑕不掩瑜		xiábùyǎnyú	one flaw cannot obscure the splendor of the jade

语句理解 Sentence Comprehension

一、很牛的企业往往由一群很牛的人组成。

“由……组成”表示一个主体通过各部分组合而形成。例如：

1. 学校是由老师和学生组成的。
2. 一束美丽的鲜花是由一朵朵小花组成的。

二、老曹并非专业画家，而是一个理工男，是奠定了华为万亿帝国基础的数字程控交换机首任项目经理，华为拉美市场的开拓者，现被返聘任华为艺术顾问。

“奠定基础”表示建立安置并稳固，为之后的行动做好准备。例如：

1. 加强对语法结构的理解，为今后阅读写作奠定基础。
2. 学好汉语是为了之后在中国开展商务活动奠定基础。

“拉美”是拉丁美洲的简称，指美国以南的美洲地区，包括墨西哥、中美洲、西印度群岛和南美洲。例如：

1. 巴西是拉美面积最大的国家。
2. 拉美一共有三十三个国家和地区。

三、老曹出身于书香门第，自己却无缘踏入大学校门，在硕士、博士扎堆的华为公司研发部，老曹是个异类。

“出身于”指个人早期的经历或由家庭经济情况所决定的身份。例如：

1. 他出身于艺术世家。
2. 安德鲁出身于一个农民家庭。

四、他在“文化大革命”后期上山下乡，“文化大革命”结束后他父亲落实政策为他争取到招工的指标，因此放弃了高考，后来考取了北京邮电大学的函授生，并自学了程控交换机的知识。

“高考”指中国的高等教育入学考试。例如：

1. 距离2022年高考只剩30天了。
2. 每个家庭都为了孩子的高考尽力排除一切障碍。

五、还有，他作为项目组领导，不以身作则，经常提前到食堂打饭吃，还常常“霸屏”（霸占乒乓球桌），因自由散漫被老板“杀鸡给猴看”……

“杀鸡给猴看” 一般指杀鸡儆猴，意思是杀鸡给猴子看。比喻用惩罚一个人的办法来警告别的人。例如：

1. 过轻的惩罚根本起不到“杀鸡给猴看”的效果，我们必须加大惩罚力度。
2. 李老板也只是想“杀鸡给猴看”，并不是真的为了惩罚员工。

练习 Exercises

一、课前热身练习：学生们分享当日新闻、趣事

____

____

____

二、根据课文内容判断正（√）误（×）

1. 华为原机加中心在东莞华为松山湖欧洲小镇。（　　）

2. 东莞华为松山湖欧洲小镇现在是一个网红打卡点。（　　）

3. 华为大学图书馆的这几幅画和华为艺术长廊的内部规划及艺术品的选择及布局都是出自华为“007”——老曹。（　　）

4. 老曹的这个“007”与詹姆斯·邦德的特工代号有关。（　　）

5. 老曹与太太结婚之后，太太留在家里过着相夫教子的家庭主妇生活。（　　）

6. 在老曹的领导下，数字交换机项目取得了巨大的成功，为华为公司的发展作出了历史性的贡献。（　　）

三、选择恰当的词语或短语填空

吹	网红	切磋	显眼	招架	无缘	布局
被誉为	卧虎藏龙	运动健将				

1. 他出色的表现力使得他在舞台上非常__________。

2. 这个酒店的__________让人觉得很舒适，有家的感觉。

3. 小张的饭量可不是__________的，他一个人能吃三人份。

4. 中国人那么多，处处__________，你看，那个张大爷其实是一名太极拳大师。

5. 来自广东的78名__________即将代表学校参与这次大学生运动会。

6. 安徽的黄山__________“天下第一奇山”。

7. 比赛就是一个相互__________、相互进步的过程。

8. 董宇辉是一个__________，他用他流利的口才在网络上直播卖货。

9. 村上春树实在是太可惜了，他曾多次与诺贝尔文学奖________。

10. 他强大的实力让我__________不住啊。

四、根据课文内容，按时间顺序给下列事件排序

A. 自学了程控交换机的知识。（　　）

B. 去深圳大芬村学画画。（　　）

C. 校田径运动会上拿冠军拿到手软。（　　）

D. 帮当时还是同事的曹太太选乐器。（　　）

E. 辞职回家“相妻教子”。（　　）

F. 领导一批年轻人开始了数字程控交换机的开发。（　　）

G. 考取了北京邮电大学的函授生。（　　）

五、你印象/想象中的华为是什么样的？学完这篇课文，你有没有增加对华为的认识呢？老曹身上有什么值得我们学习的地方？

会心一笑

中国人很行

留学生：“来中国以前，一直听说中国人很谦虚，来了之后发现完全不是这么回事！”

朋友：“怎么说？”

留学生：“大街上到处都是‘中国人民很行’‘中国建设很行’‘中国工商很行’‘中国农业很行’，有的干脆直接说‘中国很行’！”说完，他指了指附近的一家银行。

第七课 酒不醉人人自醉

课文一 Text One

课文一音频

醉翁之意不在酒

在深大学生饭堂

阿　龙：大卫，春天来了。虽然深圳的四季不是很分明，但还是有些树发出了嫩绿的新芽，山里更是有很多野花刚刚开放。这个周末，咱们去郊游踏青吧？

大　卫：好啊！不过郊游踏青是什么意思？

阿　龙：你都不知道什么意思就答应啊？谢谢你这么相信我，也不怕我把你卖了！

大　卫：嘿嘿嘿，你又说春天又说野花的，那郊游和踏青大概就是跟看风景、出去玩有关系呗！

阿　龙：哎呀，大卫，看来你的智商真不是一般的高啊！说对了，就是去城市周边有山有水的地方放松、游玩，呼吸呼吸新鲜空气，也可以野餐什么的。踏青在古代是妇女们很喜爱的活动，她们穿红着绿、三三两两，到野外“游百病”，进行一些仪式，以求去掉身上的病痛或晦气。现在呢，就是一种纯粹的娱乐休闲活动。

大　卫：还有野餐，听起来很浪漫啊。深圳适合郊游的地方都有哪些？

阿　龙：太多了。海边的大、小梅沙，可以野餐烧烤，背山面海，风景一流；青青世界、海上田园、红树林公园、仙湖植物园、梧桐山、大南山都特别适合远足、踏青，不过这些地方不能点火野炊，因为没有烧烤场，但可以带熟食、水果什么的去分享。对了，深圳的南澳被称为深圳人的后花园，那里有海边的农家乐，在海边逛够了可以品品农家乐，自己上山捡柴、下地摘菜、杀鱼杀鸡、柴火煮饭，重温童年味道……

大　卫：哦？农家乐？去农民的家里，跟他们一起做饭，吃他们自己种的菜？我早就听说过了，太想去了，太谢谢你了……那咱们星期六几点出发？

阿　龙：先别着急定时间。这么好的春光，应该跟更多的人分享。要不你问问你们班上有没有别的同学想一起去的？

大　卫：好啊，我这就问！

阿　龙：哎……那个，你们班那个韩国女孩，不知道这个周六有没有时间一起去？

大　卫：我问问！哎？不太对劲啊。阿龙，我怎么觉得你其实不是想请我去玩啊？绕来绕去，你其实是想请我们班的韩国美女啊！这叫什么来着？有个成语，叫……

阿　龙：醉翁之意不在酒！你是想说这个吧？

大　卫：对对对！我怎么觉得你是醉翁之意不在酒啊？

阿　龙：哎呀，反正你也不吃亏，那，我刚刚可是免费教了你一个成语呢！快点打电话吧！

商务宴请

阿　龙：大卫，你今天晚上有空吗？

大　卫：今天晚上我们公司要宴请客户。

阿　龙：啊？你又要吃大餐了！

大　卫：吃什么大餐啊！你还不知道，这种商务宴会的规则是，以聊为主，以吃为辅。何况我又是助理，这种场合我就得像婚礼上的新娘子一样——顾不上吃饭！

王经理：大卫，今天的晚宴安排得怎么样了？

大　卫：哦，王经理，我正要向您报告呢。都安排好了。晚宴订在了春满园酒楼33号房，可以容纳15 ~ 18人。

王经理：座位安排的事，你要事先跟咱们总经理安东尼先生说一下。

大　卫：嗯，我已经跟安东尼说了，在这边的商务宴请，正对着门的座位是主位，咱们公司请客，他是咱们老大，所以坐主位。客人那边最重要的张总，我们会安排坐在安东尼的右侧。

王经理：另外提醒一下参加人员的着装问题。

大　卫：好的。不过咱们公司的人都训练有素，而且公司《员工手册》上也有关于出席商务晚宴的着装规定，大家都知道该怎么做的。

王经理：好。另外，安东尼不大懂中文，今晚你吃饭前先吃点东西吧，估计你到时又翻译又张罗，是没什么机会吃东西的了。

大　卫：我知道了，您放心！

（晚宴上，安东尼先生发表完祝酒词）

大　卫：（翻译祝酒词）尊敬的张总，尊敬的远邦集团的各位总监、经理、朋友们，我谨代表海诚国际中国分公司，感谢你们赏光参加这个晚宴！虽然我们两家合作时间不算长，但我从王经理和同事们这里了解到，双方不仅合作愉快，而且在业务上相互促进，短期内就取得了很好的业绩！你们的产品质量、交货时间等各方面，让我们在中国这个市场上不仅看到了商机，更看到了希望。今天我们特别宴请各位，以表达我们的谢意。新的一年里，我们的订单量会大幅度增加，到时候从价格到出货周期等，都希望远邦能给予我们更多的支持。现在，我提议，为了大家共同的进步，为在座每一位的健康幸福，干杯！

（双方人员起立，碰杯）

生词 New Words and Expressions

1	分明	形	fēnmíng	clear; obvious
2	踏青	动	tàqīng	have an outing in spring
3	智商	名	zhìshāng	intelligence quotient
4	呼吸	动	hūxī	breath
5	穿红着绿		chuānhóngzhuólǜ	be in bright color
6	三三两两		sānsānliǎngliǎng	by twos and threes
7	晦气	名	huìqì	bad luck; unlucky
8	纯粹	形	chúncuì	pure; simple
9	重温	动	chóngwēn	relive
10	吃亏	动	chīkuī	suffer losses
11	宴请	动	yànqǐng	entertain; fete
12	规则	名	guīzé	rule; regulation
13	容纳	动	róngnà	have a capacity of
14	着装	名	zhuózhuāng	dress; clothes
15	训练有素		xùnliànyǒusù	be well-trained
16	出席	动	chūxí	attend
17	估计	动	gūjì	estimate; evaluate
18	祝酒	动	zhùjiǔ	toast
19	赏光	动	shǎngguāng	do me the honor
20	促进	形	cùjìn	promote
21	商机	名	shāngjī	business opportunities
22	幅度	名	fúdù	range; scope
23	周期	名	zhōuqī	period; cycle
24	提议	动	tíyì	propose

语句理解 Sentence Comprehension

一、哎？不太对劲啊。

“不对劲”表示不正常，跟平常不一样。例如：

1. 我今天头疼、发烧，鼻子、嗓子都不对劲，不知道是不是得了什么病。

2. 咱们老大最近不太对劲啊，老是一个人对着镜子傻笑。

二、绕来绕去，你其实是想请我们班的韩国美女啊！

“×来×去”表示动作的持续与反复。如：“跑来跑去”“想来想去”等。例如：

1. 小猫在屋顶上爬来爬去。

2. 我想来想去，还是决定不去报名了。

三、醉翁之意不在酒！你是想说这个吧？

“醉翁之意不在酒”，出自《醉翁亭记》，意为作者在亭子里真意不在于喝酒，而在于欣赏山里的风景。现在用来表示本意不在这里而在别的方面。例如：

1. 你来找我应该是醉翁之意不在酒吧，谁不知道你喜欢我们宿舍的小青。

2. 报名参加培训班的人很多，但是也有人并不是冲着学位去的，醉翁之意不在酒，他们其实是想借此机会结交朋友或者改变自己的生活方式。

四、哎呀，反正你也不吃亏。

“吃亏”表示遭受损失或者受到伤害，可以在中间插入其他成分，如“吃大亏”“吃了点儿亏”“吃了几次亏”等。例如：

1. 不听我们的话，以后吃亏了可不要怪我们没有提醒你。
2. 其实这是一场公平的买卖，但是他就是觉得自己吃了很多亏。

五、这种商务宴会的规则是，以聊为主，以吃为辅。

“以……为主，以……为辅”，意为把……当作主要的，把……当作辅助的，次要的。例如：

1. 现在很多学校都坚持以学生的“学”为主，以教师的“教”为辅的指导思想。
2. 治疗脂肪肝这种病时应以改善饮食为主，以药物为辅。

六、何况我又是助理，这种场合我就得像婚礼上的新娘子一样——顾不上吃饭。

“何况”，用反问的语气表示更进一层的意思，意为“更不用说……”。用在复句的第二个分句的开头。例如：

1. 平时来这里逛街的人就很多，何况今天还是元旦节呢！
2. 你不要劝我了，我真不想参加。本来我就不擅长演讲，更何况还要用英文说。

练习 Exercises

一、课前热身练习：学生们分享当日新闻、趣事

____

____

____

二、根据课文内容填空

1. 深大饭堂

阿　龙：大卫，春天来了。虽然深圳的四季不是很______，但还是些树发出了__________的新芽。这个周末，咱们去__________吧？

大　卫：郊游和踏青大概是跟__________、__________有关系呗！

阿　龙：说对了！就是去城市周边有山有水的地方放松、游玩，呼吸呼吸新鲜空气，也可以野餐什么的。踏青在古代是妇女们很喜爱的活动，她们__________、__________，到野外“游百病”，进行一些仪式，以求去掉身上的病痛或晦气。

大　卫：听起来很______啊。深圳适合郊游的地方都有哪些？

阿　龙：太多了。海边的大、小梅沙，可以__________；对了，深圳的南澳被称为深圳人的后花园，那里有海边的__________。

2. 商务宴请

大　卫：今天晚上我们公司要__________客户。

阿　龙：啊？你又要吃大餐了！

大　卫：吃什么大餐啊！你还不知道，这种商务宴会的规则是：__________，__________。

王经理：大卫，今天的晚宴安排得怎么样了？

大　卫：哦，王经理，我正要向您报告呢。都安排好了。晚宴订在了__________33号房。

王经理：座位安排的事，你要事先跟咱们总经理安东尼先生说一下。

大　卫：嗯，我已经跟安东尼说了，在这边的商务宴请，正对着门的座位是主位，咱们公司请客，他是咱们老大，所以坐主位。客人那边最重要的张总，我们会安排坐在安东尼的__________。

王经理：另外提醒一下参加人员的__________。

大　卫：好的。不过咱们公司的人都__________，而且公司《员工手册》上也有关于出席商务晚宴的__________，大家都知道该怎么做的。

王经理：好。另外，安东尼不大懂中文，今晚你吃饭前先吃点东西吧，估计你到时又__________又__________，是没什么机会吃东西的了。

3. 晚宴上，安东尼先生发表完祝酒词

大　卫：（翻译祝酒词）尊敬的张总，尊敬的远邦集团的各位_______、_______、朋友们，我谨代表海诚国际中国分公司，感谢你们_______参加这个晚宴！虽然我们两家合作时间不算长，但我从王经理和同事们这里了解到，双方不仅_______，而且在业务上_______，短期内就取得了很好的业绩！你们的_______、_______等各方面，让我们在中国这个市场上不仅看到了_______，更看到了希望。今天我们特别_______各位，以表达我们的谢意。新的一年里，我们的订单量会大幅度增加，到时候从价格到_______等，都希望远邦能给予我们更多的支持。现在，我提议，为了大家共同的进步，为在座每一位的健康幸福，干杯！

三、连线搭配词语

表达	促进	商务	规定
给予	经典	国际	宴会
重温	有素	着装	惯例
相互	谢意	大幅	进步
训练	支持	共同	增加

四、选择恰当的词语或短语填空

估计	赏光	容纳	着装	促进	给予	何况
出席	提议	商机	不对劲			

1. 甲：这么晚了他还没来啊？

乙：是啊。我_______他是不会来了。

甲：哟，都已经晚上十一点啦！我们明天再继续讨论新产品发布会的问题吧！

乙：好好好，时间也不早了，_______你为了推出新产品的事都两天没睡觉了，赶紧休息吧！

2. 甲：中国国际进口博览会就要举行了，到那时将会有许多外国人到中国来游玩。

乙：进口博览会将不仅给旅游业带来很多机遇，还会_______其他行业的发展。

甲：对。比如进口博览会将推出以“进宝”为形象代表的吉祥物，这对于服装行业来说是一个巨大_______。甚至有可能会改变人们的_______习惯。

乙：还有，还有！你知道吗，举行博览会的“国家会展中心”可以_______9.1万人呢！

3. 甲：为庆祝我们公司成立一周年，我_______下周五举办公司周年庆。

乙：要给哪些人写邀请函呢？

甲：首先要请业界合作伙伴和相关人士_______，他们在这一年里_______了我们很大的帮助。然后……要邀请各大相关媒体_______。

乙：就这些人吗？是不是少了什么人，我总觉得有点儿_______。

甲：嗯……哦，对了！还有公司领导啊！

五、调查

与3个同学交流，对于下面的问题分别做出选择，在表格中打钩或填写。然后向同学们分析说明你的调查结果，并告诉大家你做出选择的理由是什么。

	我自己	甲	乙	丙
A. 餐厅地点				
B. 着装礼仪				
C. 座位排序				
D. 合作谈话				
E. 其他				

商务宴会活动中最需要注意哪个方面？

____

____

____

六、实践题

你们班的同学玛丽亚就要在深圳举行婚礼了，她的丈夫是中国人。你被全班同学推举在婚礼上发言。请你赶快代表大家，准备一份祝酒词吧。

课文二 Text Two

课文二音频

五杯酒

——一位企业家写给即将成年的女儿的家书

亲爱的女儿：

十八年前的雷雨夜，爸爸妈妈的宝贝小仙女来到人世间。产房门口，刚刚出生的粉嫩的你，一只眼睛睁开，另一只眯着，淡定地看着门口迎候的爸爸，爸爸的心都要融化了！这是上天赐给爸爸妈妈的珍宝！

初为人父母的我们，手忙脚乱，紧张而认真，小宝宝该吃什么，喝什么，穿什么，学什么，都按育儿书上的来，唯恐有哪个环节做得不对。有段时间你晚上睡不好，我们甚至开车带你出去遛觉。后来发现，你只要趴在爸爸胸口就能很快入睡。妈妈说应该是爸爸的心跳声让你踏实。一夜夜守着你安然入睡，世界瞬间平和温暖。

十八年来你成长的历程，给我们带来太多的欣慰和快乐。你性格平和安静，从小对物质的追求就随遇而安得让我们惊讶，逛商场从不闹着要买东西，“大风车和小手”的故事让我们乐了好久，同时你又有自己独特的视角和审美。你敏而好学，在床上坐着奶声奶气地用伦敦腔背诵“糖果屋”的场景在爸爸脑海里回放无数；你被阿姨不小心烫伤，脑门上贴着纱布坚持练习芭蕾，严厉的老师说压腿的时候只有这个最小的姑娘不哭；你背对着钢琴辨识白键音阶，大声自信地说爸爸偷偷弹了黑键；四岁时第一次拿起毛笔听着“开车、停车”就写出了一幅笔笔中锋味道十足的“天行健”……

你自律而努力，从开始学钢琴到小学阶段拿下英皇八级，其间练琴的枯燥和辛苦从没让你退却；学游泳，大冬天下水，佩服你的意志；学乒乓球，周五一下课跑到几十公里外的体校，跟着大孩子练体能、跑圈、深蹲

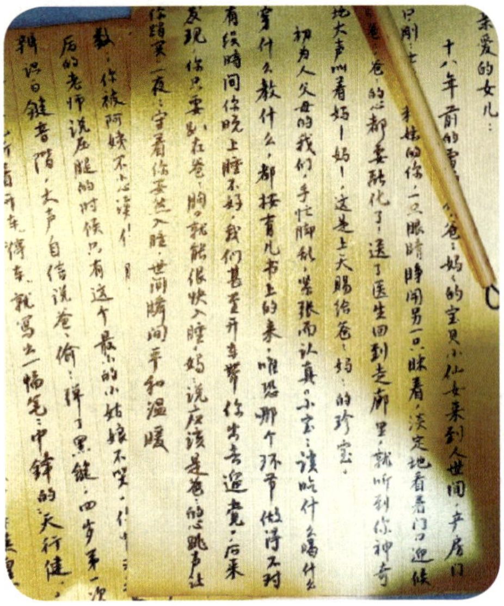

给女儿的信原文

跳，小脸红扑扑，一身大汗；初中毕业时陪你逛书店，看到你挑了一大堆心理学方面的专业书籍，早早就确定了自己的专业兴趣方向，看着你这些年为你的选择所付出的努力，完全通过自学啃下艰涩的专业课程并通过国际考，还能运用所学去帮助别人……你对生活充满热情，热爱美食，音乐品位一流，给家人的贺卡充满温情和天马行空的创意……亲爱的宝贝啊，我们相信你做什么都会是棒棒的！

快乐的时间总是飞快，转眼间，那个小小洋娃娃就将跨入成年期了，时间都去哪儿了？幼儿园之前，你和爸爸妈妈是时时在一起；幼儿园到初中，和爸爸妈妈是天天在一起；上了高中啊，爸爸妈妈是盼着每个周末你回来和我们在一起；而现在，你将真正从父母眼皮底下走出，迈出人生新的一段征程了。但是女儿啊，你再怎么远行，也走不出父母心里的世界。

都说“儿行千里母担忧”，此刻爸爸妈妈却更多是“吾家有女初长成”的自豪。成人了，意味着宝贝开始要具备独立面对人生中种种的能力，去迎接大千世界的各种挑战。在你扬帆起航之际，爸爸妈妈有感慨，有不舍，有担忧，有祈愿，有祝福……所有种种，都化入五杯壮行酒：

第一杯酒，是“坚定你所追求的”。这个世界，诱惑很多，人生路途，面临诸多的选择，而且我们没有生活的橡皮擦可以像做选择题那样擦去重选。十八年来，父母能教你的，是我们对人生价值的取向，对生活的态度，对家人的珍视和对事情的是非判断标准。这些，我们希望能作为你面对选择时的参考。

第二杯酒，是“珍惜你所拥有的”。虽然我们坚信你有着面对艰难险阻的勇气和能力，可是啊，作为我们的宝贝，父母衷心地祈愿你未来的人生旅途行稳致远，你能从容漫步，珍惜你身边的每一份美好，不需要陷入孤注一掷的赌徒困境。未来无论面临任何惊涛骇浪，爸爸妈妈都会永远和你一起。

第三杯酒，是“警惕你所习惯的”。生活的细节成就生活的品质，人的习惯成就人生状态，时常注意警惕自己习以为常的事情，不要让自己的惰性掌控自身，不要不知不觉侵蚀了本该坚守的原则底线。爸爸妈妈希望你有健康的生活习惯，有把身边收拾管理得井井有条的能力，有吾日三省吾身的思想状态。让自己的人生不懈怠，始终保持一份敏锐和朝气。

第四杯酒，是“兑现你所承诺的”。人无信不立，你迈向社会，和这个世界会有着各种各样的契约关系，我们的社会价值和人生价值，往往就体现为你能履行这些契约的能力。女儿要记着，言不轻出，诺不轻许，不做下巴轻轻的人，不随意让自己陷入自己挖的坑。确立了目标之后，又要言必信，行必果。兑现承诺，于己于人，于家于国，体现的是人生的态度。

第五杯酒，是“一生幸运相伴”。人力有时而穷，面对不可知的未来，我们对这方天地留存一份敬畏之心，同时也祈祷冥冥之中的天机赐予宝贝女儿伴随一生的幸运！无灾无难，平安喜乐。都说“爱笑的女孩运气好”，爸爸妈妈祝愿你笑口常开，笑傲江湖！

宝贝儿加油！

永远爱你的爸爸妈妈

生词 New Words and Expressions

1	企业家	名	qǐyèjiā	entrepreneur
2	即将	副	jíjiāng	be about to
3	家书	名	jiāshū	letter from home
4	赐	动	cì	grant
5	珍宝	名	zhēnbǎo	treasure
6	手忙脚乱	形	shǒumángjiǎoluàn	hurry-scurry
7	育儿书	名	yù'érshū	parenting book
8	环节	名	huánjié	link
9	踏实	形	tāshí	on a firm footing; be steady and sure
10	瞬间	形	shùnjiān	moment; instant
11	欣慰	名	xīnwèi	be gratified
12	物质	名	wùzhì	substance; material
13	随遇而安		suíyù'érān	take things as they are
14	审美	名	shěnměi	aesthetic
15	敏而好学		mǐnérhàoxué	quick-minded and eager to learn
16	伦敦腔		lúndūnqiāng	cockney accent
17	枯燥	形	kūzào	boring; uninteresting
18	退却	动	tuìquè	shrink back; flinch
19	体校	名	tǐxiào	sports school
20	啃	动	kěn	gnaw
21	艰涩	形	jiānsè	involved and abstruse
22	天马行空	名	tiānmǎxíngkōng	an unrestrained and vigorous style that brims with talent
23	创意	名	chuàngyì	originality
24	橡皮擦	名	xiàngpícā	eraser
25	从容	形	cóngróng	unhurried
26	漫步	动	mànbù	roam
27	井井有条		jǐngjǐngyǒutiáo	in perfect order

语句理解 Sentence Comprehension

一、小宝宝该吃什么，喝什么，穿什么，学什么，都按育儿书上的来。

“吃什么，喝什么，穿什么，学什么”，说明作者在这一段时间内如何照顾小宝宝。例如：

> 我喜欢做什么，买什么，干什么，都是我的自由！

二、十八年来你成长的历程，给我们带来太多的欣慰和快乐。

“××年来”意味着“在过去的××年”。“十八年来”即“在过去的十八年”。例如：

> 1. 四十多年来，中国改革开放取得了巨大的成果，让全世界震惊。
> 2. 十年来，李小龙一直在武术道路上不断创新，最终创立了截拳道。

三、一夜夜守着你安静入睡，世界瞬间平和温暖。

“一夜夜”是指每一夜，每一个晚上。例如：

> 1. 他一夜夜地睡不着觉，因为神经衰弱。
> 2. 程序员一夜夜地加班，非常辛苦。

四、幼儿园之前，你和爸爸妈妈是时时在一起；幼儿园到初中，和爸爸妈妈是天天在一起；上了高中啊，爸爸妈妈是盼着每个周末你回来和我们在一起。

随着女儿的成长，一家人从“时时在一起”到“天天在一起”，再到“每个周末在一起”，说明女儿在父母身边的时间越来越少。“时时”“天天”常用于表达时间频率，例如：

1. 情侣刚在一起的时候，恨不得时时都在一起。
2. 他们两个关系很好，天天在一起学习。

五、你再怎么远行，也走不出父母心里的世界。

表示孩子不论走得多远，永远都在父母的心里。“再……也……”可与“无论……都……”替换，例如：

1. 再怎样鼓励，他也不肯往游泳池里跳。
2. 再怎么强调保护环境的重要性也不为过，因为我们只有一个地球。

六、都说“儿行千里母担忧”，此刻爸爸妈妈却更多是“吾家有女初长成”的自豪。

“儿行千里母担忧”，表示孩子远行，父母为孩子的远行安全感到担忧。例如：

A：“妈，我先挂了，我还忙着加班呢！”
B：“唉，‘儿行千里母担忧’，你注意照顾好自己呀！”

“吾家有女初长成”，意为“我家有个女儿刚刚长大成人”。例如：

爸爸见到许久未见的女儿，惊叹地说道：“吾家有女初长成呀！”

七、爸爸妈妈希望你有健康的生活习惯，有把身边收拾管理得井井有条的能力，有吾日三省吾身的思想状态。

“吾日三省吾身”表示：我每天都要反思三次自己所做的一切行为。例如：

古人常说：“吾日三省吾身。”用来提醒人们要时刻注意反思自己的行为，有没有做错的地方。

八、女儿要记着，言不轻出，诺不轻许，不做下巴轻轻的人，不随意让自己陷入自己挖的坑。

“言不轻出，诺不轻许”表示：不轻易说些不该说的话，不轻易对他人许诺。例如：

> 他总是口出狂言，信口开河，不懂得“言不轻出，诺不轻许”的道理啊。

练习 Exercises

一、课前热身练习：学生们分享当日新闻、趣事

____

____

____

二、根据课文录音给课文中画线的生词加上拼音

企业家 …………	瞬间 …………	体校 …………
即将 …………	欣慰 …………	啃 …………
家书 …………	物质 …………	艰涩 …………
赐 …………	随遇而安 …………	天马行空 …………
珍宝 …………	审美 …………	创意 …………
手忙脚乱 …………	敏而好学 …………	橡皮擦 …………
育儿书 …………	伦敦腔 …………	从容 …………
环节 …………	枯燥 …………	漫步 …………
踏实 …………	退却 …………	井井有条 …………

三、根据课文内容判断正（√）误（×）

1. 作者在女儿刚出生的时候感到很喜悦。（　　）
2. 作者在女儿出生的时候，就很会照顾孩子。（　　）

3. 作者的女儿在小时候很淘气，经常不睡觉。（　　）

4. 女儿非常优秀，练过舞蹈，弹过钢琴，学过游泳，打过乒乓球，通过了很多的考试。（　　）

5. 作者的女儿很优秀，都是因为父母的教育培训才得到了成长。（　）

6. 爸爸妈妈希望女儿能够独立，坚定追求，因为这个世界的诱惑很多。（　）

7. 爸爸妈妈希望女儿听天由命，不要反抗未知的未来。（　　）

四、根据课文内容，选择正确的答案

1 当女儿出生的时候，作者的心情是怎样的？（　　）

A. 心都要融化了

B. 一点都不紧张

C. 愉快轻松的

2 养育女儿的时候，作者是怎么做的？（　　）

A. 按照自己的经验

B. 听妈妈的意见

C. 按照书上的来

3 女儿小时候没有学过什么？（　　）

A. 钢琴

B. 足球

C. 游泳

4 以下哪项描述更符合女儿小时候的学习状态？（　　）

A. 学习什么都半途而废

B. 学习不愿意吃苦头

C. 面对困难坚韧不拔努力克服

5 爸爸妈妈为什么为女儿感到自豪？（　　）

A. 女儿长大要离父母远去了

B. 女儿更加独立和有能力了

C. 女儿还依赖着爸爸妈妈

6 “第一杯酒”是什么？（　　）

A. 人生路上多做选择

B. 人生的错误可以擦掉重来

C. 为自己的选择负责任

7 “第二杯酒”是什么？（　　）

A. 珍惜身边有的一切

B. 追求自己想要的

C. 人生要往高处走

8 “第三杯酒”是什么？（　　）

A. 养成良好的习惯

B. 善于听取别人意见

C. 自己可以随心所欲

9 “第四杯酒”是什么？（　　）

A. 做自己能力范围之内的事

B. 不能失信于人

C. 要做好人生规划

10 “第五杯酒”是什么？（　　）

A. 敬畏这个世界

B. 笑就会有好运气就会成功

C. 女儿的前途一定光明

五、根据课文内容填空

我亲爱的女儿，在你______成年的日子里，爸爸写了一封______给你。______来，你带给我们太多的______和______。你对物质______的态度让我们惊讶不已。你______，能够用伦敦腔背诵“糖果屋”。练琴很______，但你没有______。不仅如此，你还有着______的创意。

时间过得真快，曾经在幼儿园你______与我们在一起，幼儿园到初中，你______和我们在一起，到了高中我们只能每个______见到你。都说“儿行千里母担忧”，但此时我们是“________”。爸爸最后想用五杯酒来为你壮行。这五杯酒是：________、________、________、________、________。

六、选择恰当的词语或短语填空

粉嫩　瞬间　枯燥　侵蚀　敬畏　艰涩　珍视　天马行空　扬帆起航　孤注一掷

1. 岩石经自然______风化而形成。

2. 鲁迅《彷徨·长明灯》：“你看我那时的一双手呵，真是______。”

3. 遵从规律，______自然，才能活出一个人的本性自我。

4. 朵朵白云犹如______的轻舟，慢悠悠地漂浮着。

5. 这本书写得______无味，我们都不愿意阅读。

6. 这位老师能使______的概念变得容易理解，也能以妙趣横生的方式来解释科学。

7. 画家运笔______，飘逸自然。

8. ______他就消失在我的眼前了。

9. 不______秋天的人，不会真正爱春天；不珍惜果实的人，不会真正爱花朵。

10. 他这种______的做法，太冒险了。

七、根据课文内容回答问题

1. 是什么让作者的心都要融化了？

女儿的______，让作者的心要融化了。

2. 女儿做了什么让作者觉得她棒棒的？

女儿自律而努力，她学习了______，学______，学______，练______，看了一大堆______的专业书籍。通过了______考试，对生活充满______，热爱______，音乐品位______，做什么都棒棒的。

3. 女儿长大了爸爸妈妈更多是一种什么样的心情？为什么？

爸爸妈妈更多的是__________，因为女儿开始具备__________面对人生的种种的能力。

4. 为什么爸爸妈妈希望女儿有好的生活习惯？

人的习惯成就______，时常注意警惕______的事情。拥有把身边管理得______的能力。让自己的人生不______。

5. 为什么爸爸妈妈希望女儿做人要有诚信？

因为人无信______，迈向社会，和这个世界有着各种各样的______关系。个人的社会价值和人生价值在于履行契约的______。

八、请根据提示，尝试复述爸爸妈妈在女儿成长过程中的心情变化

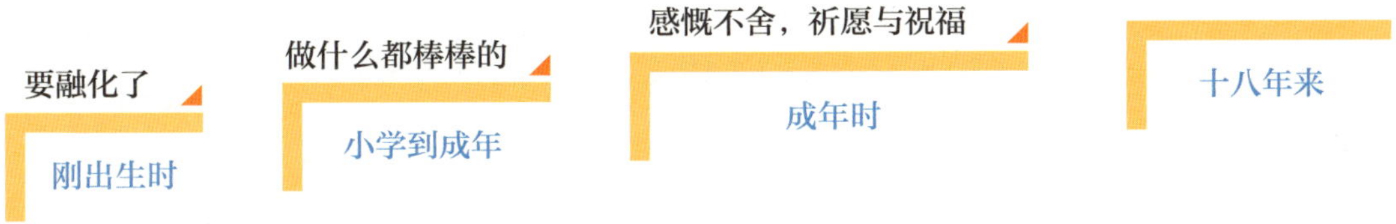

九、请谈一谈，你在什么时候发现父母在时时牵挂着你。当你有了孩子之后，你会希望他（她）成为一个怎样的人呢？

____

____

____

会心一笑

解决方案

某公司引进了一条香皂包装生产线，结果发现这条生产线有个缺陷：常常会有盒子里没装香皂。总不能把空盒子卖给顾客啊，他们只得请了一个学自动化的博士后设计一个方案来分拣空的香皂盒。

博士后拉起了一个十几人的科研攻关小组，综合采用了机械、微电子、自动化、X射线探测等技术，花了几十万元，成功解决了问题。每当生产线上有空香皂盒通过，两旁的探测器会检测到，并且驱动一只机械手把空皂盒推走。

中国南方有个乡镇企业也买了同样的生产线，老板发现这个问题后很生气，找了个小工来说：“你把这个搞定，不然就滚蛋！”

小工很快想出了办法：他在生产线旁边放了一台大功率吹风机对着生产线猛吹，于是空香皂盒都被吹走了。

第八课 行者无疆

课文一 Text One

课文一音频

读万卷书 行万里路

中午下课后

阿　龙：大卫，大卫，等等我！你走得这么急干吗？

大　卫：阿龙！你也刚下课？

阿　龙：嗯！你手里拿的什么书？哟，大卫开始看中文书了？我看看！

大　卫：是《小王子》。

阿　龙：啊？你已经能看中文版的世界名著了？

大　卫：是青少年版的，简写版。我已经看了好几本了。我先从简单熟悉的、小时候看过的故事开始，找到中文版的就看。

阿　龙：你这进步也太大了！你一个学期前刚来的时候，咱们喝早茶，你还连点心单都看不懂呢！

大　卫：点心单我现在也还是看不懂多少，嘿嘿！故事不一样，有情节，有背景，再加上是我知道的故事，所以就算有不认识的字，也还是能知道讲的什么。

阿　龙：啊，都是知道的故事，那会不会觉得没意思啊？

大　卫：不会，恰恰相反，我觉得太有意思了！小时候看的故事，隔了十几年，很多都忘得差不多了，现在通过看中文又回忆起来，觉得特别开心呢！

阿　龙：你可别让我爸妈知道你现在进步这么快，要不他们又得唠叨让我向你学习，又聪明又勤奋的大卫啊，又开朗又有礼貌的大卫啊，又独立又上进的大卫啊……跟你比，我就是被宠坏了的独生子女的坏典型！哼！对了，我妈让我问你这两天哪天有空，到我家去吃饺子，她买到新鲜的茴香了，留着等你来包茴香馅儿的饺子呢。

大　卫：在深圳也能买得到新鲜的茴香啊？我还以为那是北京特有的蔬菜呢。太谢谢阿姨了，一有好吃的就想着我。可是我明天就要出差了，刚才急急忙忙的，就是刚接到公司的电话通知我出差，正打算赶紧回去就订机票和酒店呢。你记得替我谢谢阿姨和叔叔啊！等我出差回来就去看他们！

阿　龙：去哪儿出差？

大　卫：先去北京，再到昆明，前后得一个星期才回得来呢。

阿　龙：刚读万卷书，又行万里路，我可真是又佩服又羡慕你啊！

大　卫：等你毕业工作了，肯定比我跑的地方还多呢！再说，出差跟旅游也不是一回事啊！

大卫给航空公司售票点打电话

大　　卫：喂，你好！飞鹤航空订票处吗？

工作人员：是的，您好！飞鹤航空！

大　　卫：我想订一张明天去北京的机票。

工作人员：好的。请问明天几点的呢？

大　　卫：你帮我查一下明天上午哪个航班的折扣最多？

工作人员：请稍候。哦，明天中午11:40，厦门航空的，1460元；还有一班是晚上9:40的，1180元。

大　　卫：要中午11:40的。谢谢！

工作人员：请报上您的姓名和证件号码。

大　　卫：我是美国人，有什么特别的要求吗？

工作人员：没有。请把您护照上的姓名和护照号码告诉我。

大　　卫：好，你记一下……票怎么给我？

工作人员：先生，订好后，票务信息会直接发到您的手机上。

大　　卫：这样就可以了？

工作人员：对，这就是自助电子机票。我们在电脑系统里帮您把机票订好，您到了机场凭证件就可以直接办理登机手续了，很简便。

大　　卫：那太好了！

大卫给酒店打电话预订房间

大　　卫：喂，你好！请问是北京奥林宾馆吗？

奥林宾馆：是的，您好！请问有什么可以帮到您？

大　　卫：我需要一间住两晚的房间。

奥林宾馆：请问入住时间？

大　　卫：明天和后天。

奥林宾馆：好的。请问要什么房？

大　　卫：单人间什么价？

奥林宾馆：单人间680元一晚。哦，对不起，单人间已经没有了。还有标间和套房。

大　　卫：标间有大床房吗？我一个人。

奥林宾馆：我看看。有的。一间两晚，对吗？

大　　卫：对。对了，我是海诚国际集团公司的，是你们的签约单位，合同价是多少？

奥林宾馆：哦，我看一下……不好意思让您久等了。海诚的大床房合约价只需要380元，而且含早餐。但一定要你们公司专职的同事联系我们，提供合同号，才能拿到合约价。

大　　卫：这样啊？那我赶紧通知公司行政部帮我订吧。本来时间紧，我又没在公司，想着自己订了算了。

奥林宾馆：那您留个电话给我们吧，贵公司专职同事一旦与我司确认，我们就会马上帮您预订并将房间信息发到您手机上。

大　　卫：好的，谢谢！请你记一下……

生词 New Words and Expressions

1	版	名	bǎn	version
2	名著	名	míngzhù	masterpiece
3	情节	名	qíngjié	plot
4	背景	名	bèijǐng	background
5	唠叨	动	láodao	chatter；speak incessantly
6	勤奋	形	qínfèn	diligent
7	上进	形	shàngjìn	make progress；go forward
8	宠	动	chǒng	pamper
9	典型	名	diǎnxíng	typical
10	折扣	名	zhékòu	discount
11	证件	名	zhèngjiàn	certificate
12	系统	名	xìtǒng	system
13	凭	动	píng	lean on
14	套房	名	tàofáng	a suite of rooms
15	签约	动	qiānyuē	sign a contract
16	含	动	hán	contain
17	确认	动	quèrèn	confirm

语句理解 Sentence Comprehension

一、你还连点心单都看不懂呢！

“连……都/也……”表示强调。介词“连”引出要强调的部分（可以强调主语、宾语或动作本身），后边用“也、都”与之呼应。隐含有比较的语义。例如：

1. 连小孩子都懂这个道理，你怎么就不懂呢？
2. 他连工作都辞了，看来他真不想在这个城市待下去了。
3. 连试都没试，你怎么就知道不好看呢？

二、恰恰相反，我觉得太有意思了！

“恰恰相反”表示正好与前面提到的情况相反，可和介词“与”或“跟”搭配使用。例如：

1. 原以为新领导来了以后业绩会变好，可是结果却恰恰相反，大家从充满希望转为了失望。
2. 你认为那匹黑马跑得最快吗？我跟你的意见恰恰相反，我觉得那匹黑马应该是最慢的。

三、刚读万卷书，又行万里路，我可真是又佩服又羡慕你啊！

“读万卷书”是指努力读书，提高文化素养，让自己的才识过人。“行万里路”是指把书本知识运用于社会实践。也就是理论结合实际，学以致用。例如：

1. 我平生的最爱就是“读万卷书，行万里路”。
2. “读万卷书不如行万里路”，假期可以带孩子去各地游玩，增长孩子的见识。

四、出差跟旅游也不是一回事啊！

“一回事”表示（表面上看可能不一样）实质上是一样的。例如：

1. 奖金跟提成是一回事，反正你努力干就行了。
2. 婚姻跟爱情可不是一回事，婚姻是需要经营的。

五、贵公司专职同事一旦与我司确认，我们就会马上帮您预订并将房间信息发到您手机上。

“一旦”表示不确定的时间，意为“某一天”。用于复句的前一分句中，提出或假设某种情况的出现，后一分句说明随之产生的结果，或面对此情况的做法、主张、希望。例如：

1. 你要抓住这次机会。一旦错过了，你将来肯定会后悔的。
2. 记住！一旦有什么问题，赶紧给我打电话。

练习 Exercises

一、课前热身练习：学生们分享当日新闻、趣事

____

____

____

二、根据课文内容填空

1. 中午下课后

阿　龙：你手里拿的什么书？哟，大卫开始看中文书了？我看看！

大　卫：是______。

阿　龙：啊？你已经能看中文版的______了？

大　卫：是______的，______。我已经看了好几本了。我先从______的、小时候看过的故事开始，找到中文版的就看。

阿　龙：你这进步也太大了！你一个学期前刚来的时候，你还连______都看不懂呢！

阿　龙：你这两天哪天有空，到我家去吃饺子，我妈买到新鲜的茴香了，留着等你来包______的饺子呢。

大　卫：可是我明天就要出差了，等我出差回来就去看他们！先去北京，再到昆明，前后得一个星期才回得来呢。

阿　龙：刚______，又______，我可真是又佩服又羡慕你啊！

大　卫：出差跟旅游也不是______啊！

2. 大卫给航空公司售票点打电话

大　　卫：喂，你好！飞鹤航空______吗？我想订一张明天去北京的机票。

工作人员：是的，您好！飞鹤航空！请问明天几点的呢？

大　　卫：你帮我查一下明天上午哪个航班的______最多？

工作人员：请稍候。哦，明天中午11:40，厦门航空的，1460元；还有一班是晚上9:40的，1180元。

大　　卫：要中午11:40的。谢谢！

工作人员：请报上您的______和______号码。

大　　卫：我是美国人，有什么特别的要求吗？

工作人员：没有。请把您护照上的姓名和______号码告诉我。

大　　卫：好，你记一下……票怎么给我？

工作人员：先生，订好后，票务信息会直接发到您的手机上。

大　　卫：这样就可以了？

工作人员：对，这就是______电子机票。我们在电脑系统里帮您把机票订好，您到了机场凭证件就可以直接办理登机手续了，很简便。

大　　卫：那太好了！

3. 大卫给酒店打电话预订房间

大　　卫：喂，你好！请问是北京奥林______吗？

奥林宾馆：是的，您好！请问有什么可以帮到您？

大　　卫：我需要一间住两晚的______。

奥林宾馆：请问入住时间？

大　　卫：______和______两晚。

奥林宾馆：好的。请问要什么房？

大　　卫：单人间什么价？

奥林宾馆：单人间680元一晚。哦，对不起，单人间已经没有了。还有______和______。

大　　卫：标间有______吗？我一个人。

奥林宾馆：我看看。有的。一间两晚，对吗？

大　　卫：对。

三、连线搭配词语

自助	传真	特别的	故事
报销	机票	新鲜的	茴香
预订	手续	熟悉的	要求
办理	打印	宠坏的	蔬菜
收发	房间	北京特有的	孩子

四、选择恰当的词语或短语填空

佩服	勤奋	签约	独立	背景	典型	证件
名著	凭	连……都/也……				

1. 甲：你再想想！你确定要做一名演员吗？要知道，一旦______，你就要从此开始你的演艺生涯了！你以前没有从事过演艺工作，不知道当演员需要一定的______。

乙：我确定。我已经做好思想准备了。

2. 甲：先生！我们的会场是______工作证入场的。

乙：哦！还要检查______啊。那你等等，我找一找。

3. 甲：她根本不喜欢那个男孩！

乙：真的？你怎么知道的？

甲：我看见那男孩送花给她，她______看______不看一眼，转身就把花扔进垃圾桶了！

4. 甲：这次的客户你见过了吗？他貌似是个很厉害的人呢！

乙：的确！他是我的小学同学！小时候他就是个学霸。他从来都一个人独自上学、回家，不要人接送，特别______。他小小年纪就懂得要______学习，一点也不贪玩，很上进。

甲：哇，从小就这么自律，真让人______！

乙：你不知道，小学六年，他就读过很多______了！

甲：哟！你这么一说，我想起来，他来和我们谈判、签约的时候给人一种知识渊博的感觉。真是______的别人家的孩子啊！

五、用课文中学过的词语或句式改写下列句子

1. 我读过这本书，这是一本很有名的书！（名著）

____

2. 这位客户并不是一个很开朗的人，而是一个很内向的人。（恰恰相反）

____

3. 我真想念妈妈，她总是对我说很多关心的话，虽然有时候我会觉得她挺啰唆的！（唠叨）

____

4. 我上次说很感兴趣的那套音响现在打不打折啊？（折扣）

____

5. 不少男人喜欢给女朋友送花，其实鲜花和爱情不能完全等同。（一回事）

____

6. 要是哪一天公司出了事，还得经理出面才能解决。（一旦）

____

六、回答下列问题，用上画线的词

1. 最近商城有什么折扣吗？

____

2. 你知道公司出差费用怎么报销吗？

____

3. 向大家推荐一部你们国内的名著。

____

4. 外出办公或旅行的时候你忘记过带证件吗？

____

七、调查：问问你的同学们，他们喜欢什么样的酒店？为什么？你自己呢？

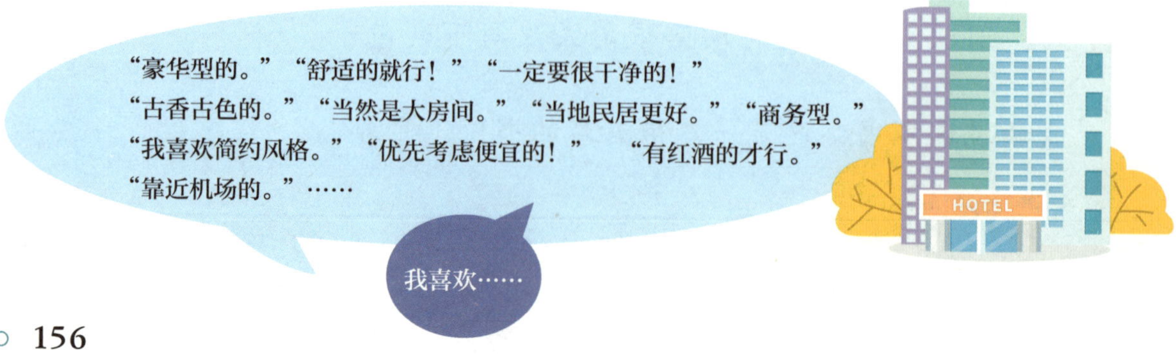

我：

喜欢的酒店类型	理由

同学们：

名字	喜欢的酒店类型	理由

八、你同意下面的看法吗？为什么？

“行万里路”比“读万卷书”重要。

____

____

____

九、旅行计划写作

填好你的旅游流程表，开始安排你快乐轻松的假期吧！

我的计划：

目的地？
想要和谁一起去？
为什么去？
如何买机票？
住哪里？怎么预订？
去多久？
预计要花多少钱？
想去的景点是？
什么时候出发？
……

假期就要来了，去哪儿旅游好呢？

十、实践题

阿梅今天不想去食堂吃，于是就拿起一张外卖单叫外卖。请你和搭档分别扮演阿梅、外卖员的和保安。

任务

阿梅

打电话点到自己想吃的东西，让对方送到留学生宿舍来，电话指路。

任务

外卖员

新来的，迷路了，可能会晚到几分钟，打电话给阿梅解释，希望不要投诉、给差评；到了附近问路，送到。

任务

保安员

指路。

课文二 Text Two

课文二音频

行者无疆

千禧年跨年（跨世纪）的时候，我在英国伦敦。凡能望到大笨钟的地方，都聚满了来自全世界的人。在等待新世纪第一声钟响的七八个小时里，有人找洗手间，有人买食物，有人不停地寻找更合适的位置……在整个等待过程中，印象最深的是那些印巴家庭，他们显然有备而来，也许筹谋策划了很久，都是一大家人，最老的最小的都在，不急不躁，全家人一起不时在路边载歌载舞，让等待本身成了嘉年华。

置身其中的我，像从《飞屋环游记》的小屋里空降而来的。我从没有过这样大的计划，那些年工作之余也一直努力学习看书，连一般的娱乐活动都几乎没有，却在无心之间亲临现场，参加了全世界最大的一场聚会。

那时没有手机，也还是有消息传来，说有能力强的伙伴，事先做好了攻略，要在什么时间到达什么位置，所以他们看到了英女王。我没有。我只看到了谁都不会错过的巡游彩车，几层楼那么大的巨型卡通气球，以及活动结束后伦敦地铁的拥挤和有序。伦敦地铁开通几十年了，老旧，我留意到的却是一个报纸摊，络绎不绝的各色人等几十年如一日，都是自觉放钱、取报纸的。 地铁站里有一个负责咨询的先生，身高一米九以上，西装革履，风度翩翩，最是那一开口的地道的伦敦音，让这群原本有些羞涩内敛的东方女性也忍不住内心尖叫，有勇敢的硬是编了个问题前去咨询，看他略微欠身倾听回答的样子，真是整个伦敦都帅爆了！

后来我有机会去一个寄宿家庭（host family）玩了几天。没有手机，一切都靠事先电话约定。在陌生的国家去一个陌生的地方见陌生的人，真是让人心里没底。Host妈妈电话里说："巴士10:03到你那儿，我11:06会在我的站接你。"我担忧，问："万一车早了或者晚了，我该怎么找你？"

电话那边沉默了几秒，谨慎地说："我在这里生活的50年里，它倒还没早过或是晚过。"

英国，那一刻我想我见证了你往日真实的辉煌。

Host妈妈六十多岁，以前是审计师。Host老爹快七十了，是个画家。Host妈妈开车带我去看大西洋，陆地与海水交界的地方不是我熟悉的海滩，而是直直的悬崖。从小在地理书上念太平洋的我，看着那片大西洋的海水，陌生又亲切，想象着海水曲折又直接地连通着，祖国很远，世界很近。那种感悟，是什么课本都替代不了的。

我们的祖国，地大物博，方言众多。其实方言多，真不是非得地方大，比如英国。有一次会计学教授提了个问题，问为什么英国境内的信件不管寄到哪儿都是一个价格？全体冷场，我说："因为……英国比较小？"教授对我的答案相当不满意，正确答案也早已忘记，只记得下课后几个中国同学围过来竖起大拇指哈哈大笑："敢嫌英国小的，也只有咱们了！你太牛了！把老太太气坏了！""我，我……我不是那个意思，没想气她，我是真的这么想的，地方小，不分级，减少管理成本。""那就对了！哈哈哈哈。"他们说。

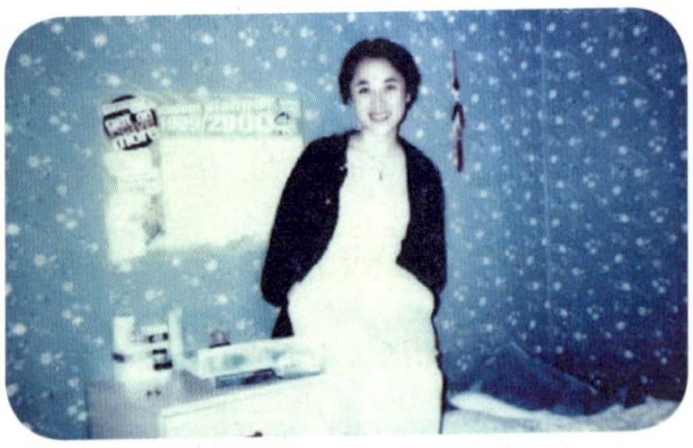

作者留学时的学生宿舍

好吧，接着说英国方言，"方"到什么程度呢？我们宿舍有个可爱幽默的香港姑娘叫邦妮。她住一楼，有人按门铃她会去应，如果来的是水电工，她从钥匙孔侦察到了，并不开门，而是到楼梯那喊"阿蓓（puei），你男朋友来了"。非要等我现身才开门，就让那大叔晾着，礼貌什么的根本不重要了。"我真系一粒字都不明他讲紧咩乜，打击到我嘅尊严了你明不明啊，阿蓓？"（粤语，意思是：我真是一个字都不明白他在说什么。打击到我的尊严了，你明不明白啊，阿蓓？）

Host老爹很喜欢带我去走亲戚。想起2017年我去湄潭山区支教的时候住在杨老师家。有一天杨老师说准备回娘家，要把我带上，我很开心地换好能走远路的鞋，结果走了十几分钟，听她喊：妈！一位九旬老人挑着担子从田里走了出来，我们到了！！好吧，英国老爹的老家貌似更近。也许他开了车，不太记得了，就记得他带着我走家串户（原来他们也有那么多亲戚），每到一家，寒暄之后，必然让他们猜我的年龄！然后自己一次次惊喜地揭开谜底！吃吃喝喝或者纯聊天后再去下一家，继续让人猜，乐此不疲，像个孩子。

他带我去教堂里看他画的画，跟朋友们喝下午茶、吃小饼干。听到同样六七十岁的老朋友们的寒暄，在这样相对正式的场合，他会比较完整地介绍我一下，临了会补充一句："She makes me laugh"。这一句话让我瞬间赢得好感、让他赢得羡慕，真是神奇的评价。

遇到一位老妇人，八十多岁了，依然穿戴整齐，跟host老爹拥抱后说"How are you doing，sweetheart？"我被这句稀松平常的问候暖到了。在那个文化里，一个人不论年龄、环境，可以一直是sweetheart。

好多事，过了以为也就忘了，却没想到它其实渗透肌肤沁人心脾，一直在默默地给我们滋养。即使你不争不抢，日月穿梭，斗转星移，也总有你的高光时刻。常常让你开怀一笑的人，不论身份、地位、角色，都是我们生命中最好的礼物。

生词 New Words and Expressions

1	千禧年		qiānxǐnián	the millennium
2	跨年	动	kuànián	spend the New Year's Eve
3	攻略	名	gōnglüè	strategy
4	错过	动	cuòguò	miss
5	留意	动	liúyì	notice
6	羞涩内敛		xiūsènèiliǎn	shy and reserved
7	谨慎	形	jǐnshèn	cautious
8	辉煌	形	huīhuáng	brilliant；glorious
9	审计师	名	shěnjìshī	auditor
10	悬崖	名	xuányá	cliff；precipice
11	感悟	名	gǎnwù	perception
12	方言	名	fāngyán	dialect
13	冷场	名	lěngchǎng	an awkward pause
14	成本	名	chéngběn	cost
15	侦察	动	zhēnchá	spy on
16	尊严	名	zūnyán	dignity
17	支教	动	zhījiào	volunteer to be a teacher in the remote areas
18	娘家	名	niángjiā	a married woman's parents' home
19	好感	名	hǎogǎn	favorable impression
20	羡慕	动	xiànmù	admire；envy

语句理解 Sentence Comprehension

一、在整个等待过程中，印象最深的是那些印巴家庭，他们显然有备而来，也许筹谋策划了很多年……全家人一起不时在路边载歌载舞，让等待本身成了嘉年华。

“印巴家庭”是指来自印度和巴基斯坦的家庭；“嘉年华”原指欧美国家的狂欢节，现在主要指大型公众娱乐盛会。例如：

1. 每年深圳都会有很多嘉年华活动，这些活动吸引了很多深圳家庭。
2. 嘉年华活动上有载歌载舞的表演，这往往需要提前筹谋策划。

二、那些年工作之余也一直努力学习看书，连一般的娱乐活动都几乎没有，却在无心之间亲临现场。

“工作之余”指工作结束后的其他时间。“无心之间”是指不经意地，并非有目的性。例如：

1. 在工作之余，我会健身和打篮球，从而锻炼身体。
2. 无心之间我的中文水平竟然提高了这么多！

三、最是那一开口的地道的伦敦音，让这群原本有些羞涩内敛的东方女性也忍不住内心尖叫。

“最是那”用在开头表示强调后面所陈述的内容，在句子中强调地道的伦敦口音。例如：

1. 最是那美味的红酒，让小李回味无穷。
2. 最是那动人的音乐旋律，让现场的观众都跟着一起摇摆起来了！

四、没有手机，一切都靠事先电话约定。在陌生的国家去一个陌生的地方见陌生的人，真是让人心里没底。

“事先”是指提前的，预先准备好的。“心里没底”指因为没准备好，对一些不确定的事情内心有些慌张和不安。例如：

1. 实在抱歉，我没有事先通知你，让你错过了这次会议。

2. 因为这次合作充满着不确定性，所以双方对于合作能否成功心里没底。

五、从小在地理书上念太平洋的我，看着那片大西洋的海水，陌生又亲切，想象着海水曲折又直接地连通着，祖国很远，世界很近。

作者小时候在中国长大，中国临近太平洋，因此在地理上作者对于太平洋更为熟悉。但是现在作者在英国，望着大西洋的海水，想起了世界的海水都是连通的，这让作者不由得想起了远方的祖国。“陌生又亲切”体现出作者内心的复杂情绪。例如：

1. 好久没见到姐姐，再一次看见姐姐的时候她的变化很大，这让他感到陌生又亲切。

2. 她已经离开深圳二十多年了，当她再回来的时候，深圳这座城市变化太大，这让她感到陌生又亲切。

六、常常让你开怀一笑的人，不论身份、地位、角色，都是我们生命中最好的礼物。

“不论……都”表示条件或情况不同，结果不变，下文多用“都、总”与它呼应。例如：

1. 不论是官员还是普通公民，都应该遵守法律法规。

2. 不论你走到那里，我们之间的友谊都不会变。

“开怀一笑”是指心情舒畅，开心放松地笑。例如：

他是一个很幽默的人，常常不经意地就能让你开怀一笑。

练习 Exercises

一、课前热身练习：学生们分享当日新闻、趣事

____

____

____

二、根据课文录音给课文中画线的生词加上拼音

千禧年……	辉煌……	侦察……
跨年……	审计师……	尊严……
攻略……	悬崖……	支教……
错过……	感悟……	娘家……
留意……	方言……	好感……
羞涩内敛……	冷场……	羡慕……
谨慎……	成本……	

三、根据课文内容判断正（√）误（×）

1. 在千禧年等待跨年的时候，作者在英国。（　）
2. 跨年的现场十分热闹，但是因为人太多了，大家都很急躁。（　）
3. 作者为了参加这次跨年嘉年华，已经提前筹谋策划了很久。（　）
4. 跨年嘉年华的现场，有些人为了见到英女王而提前做了很多准备。（　）
5. 作者的朋友因为听不懂英国当地水电工的发音而不给他开门。（　）
6. 一位老妇人称呼英国老爹是sweetheart，因为他们是夫妻关系。（　）

四、根据课文内容，选择正确的答案

1 在热闹的跨年现场，作者印象最深的是什么？（　　）

A. 印巴家庭

B. 巡游彩车

C. 咨询先生

2 为什么作者认为无心之中参加了全世界最大的一场聚会？（　　）

A. 因为作者空降到了这里，很突然地参加了跨年活动

B. 因为这场跨年活动变成了嘉年华

C. 作者平时很忙，这样的娱乐机会很少

3 在地铁口负责咨询的先生为什么让东方女性内心尖叫？（　　）

A. 一米九的身高

B. 西装革履

C. 地道的伦敦腔

4 是什么让整个伦敦"帅爆了"？（　　）

A. 开通几十年的老旧地铁

B. 自觉放钱取报纸的报纸摊

C. 地铁口咨询负责人的礼貌端庄

5 在host妈妈和作者的对话中，我们可以知道什么？（　　）

A. Host妈妈以前是一个审计师。

B. 英国的公交车十分准时。

C. Host老爹是一个画家。

6 Host老妈带我去了哪里？（　　）

A. 大西洋看海

B. 走亲戚

C. 去教堂看画

7 作者的朋友为什么不肯开门？（　　）

A. 听不懂英国水电工说的方言

B. 作者的朋友害怕是个坏人

C. 因为来的人是作者的男朋友

8 Host老爹带作者到亲友家一定会做什么事情？（　　）

A. 吃吃喝喝

B. 纯聊天

C. 让亲友猜作者的年龄

9 作者对伦敦的情感态度是怎么样的？（ ）

A. 喜爱

B. 平淡

C. 厌恶

五、根据课文内容填空

______年的时候，我在伦敦。在跨年现场，让我印象最深的是______，他们让等待本身变成了______。

在跨年现场，我看到了谁都不会错过的______。结束后，在伦敦地铁站我留意到了一个______。在地铁负责咨询的人身高有______，有着一口地道的______，当有人咨询他问题的时候，他会略微欠身倾听回答，这真是让整个伦敦都______了！

后来，我去一个寄宿家庭家里玩。Host妈妈和老爹都很热情。Host妈妈带我去看了______，这让我想起了祖国。Host老爹喜欢带我去走亲戚，每一次和亲戚朋友们______之后，必然让他们猜我的年龄。

在英国，我经历了好多事，很多事情让我没想到一直在默默地给我们______。我们要珍惜常常让你______的人，因为他们是我们生命中最好的礼物。

六、选择恰当的词语或短语填空

攻略	谨慎	侦察	嘉年华	走亲戚	络绎不绝	风度翩翩
心里没底	竖起大拇指	乐此不疲				

1. 他们派了飞机对敌人进行______，准备进行最后的攻击。
2. 他做事十分______，所以把事情交给他不用担心。
3. 小明的演讲准备得不太充分，所以能不能得奖他______。

4. 过年的时候，中国人都有______的习惯。

5. 深圳每年都会举行很多______活动，这成为这座城市的标志之一。

6. 他去旅游之前，一定会提前做好______，所以和他一起旅游都会玩得很开心。

7. 王浩是一个______的绅士，他总是会特别照顾别人的情绪。

8. 每年到长城的人都是______的，因为长城实在是太壮观了！

9. 李华的作业完成得很好，老师对他______。

10. 蔡元培在《以美育代宗教说》中提道："又如跳舞、唱歌，虽野蛮人亦皆______。"

七、请根据提示，尝试复述作者在伦敦经历了哪些事情，并尝试说出在作者眼中伦敦是怎样的

提示：过去辉煌，有礼貌，有秩序，热闹，友好，地域小

	千禧年在伦敦跨年
	伦敦地铁站内风度翩翩的咨询先生
	乘坐巴士去寄宿家庭
	Host妈妈开车带我去看大西洋
	在课堂上惹得教授生气
	英国水电工的方言
	Host老爹带我走亲戚，到教堂看他的画

八、请想一想，作者为什么要用“行者无疆”作为标题

九、请谈一谈，你生命中最好的礼物是什么

会心一笑

差评

网购买家：差评！必须差评！我在这家店给女友买了个生日礼物，送给她的当天她就跟我分手了。

店家回复：3.8元还包邮的手机壳，你拿去送给女友作为给她的第一份生日礼物，就冲着你对本店的信任，这个差评，我们认了！

第九课 我要请假

课文一 Text One

课文一音频

没有规矩 不成方圆

放学后在教室里

阿　龙：大卫，放学了你还不走，忙什么呢？

大　卫：我在研究我们公司的《员工手册》。

阿　龙：你在研究什么？

大　卫：哎呀，就是我们公司的各种规章制度。

阿　龙：这也要研究啊？

大　卫：其实我刚进公司的时候，跟另外几个新同事一起学习过了，还考试了呢。当时觉得怎么这么多规定……

阿　龙：没有规矩不成方圆呗！小时候我做错了事，我爸就会罚我，他总说：国有国法，家有家规。没有规矩，就不成方圆！所以必须知道什么事是不可以做的，做错了就要改！

大　卫：嗯，那倒也是。那些规定当时背熟了，不过太久没用，有的细节记不清了。最近我想请个长假，所以研究一下相关的规定。而且刚来的时候光忙着应付考试，没仔细体会，现在看来有些规定挺有意思呢。

阿　龙：是吗？规章制度里也能找到好玩的东西，我太佩服你了！

大　卫：你看嘛，《员工手册》主要按入职、在职和离职三种情况进

行相关的规定。在入职阶段，除了一般的培训考核，还要求部门主管在第一天亲自指引新员工在哪里就餐；在职阶段，每月5日发薪，逢周末和节假日就提前；所得税由公司代扣代缴，我们就不用担心漏税的问题了。每个月会有一次生日会，所有这个月过生日的人公司会组织他们一起吃饭、切蛋糕、K歌……

阿　龙：那可够热闹的！

大　卫：还有，平时我们有很严格的着装要求，像男的只能穿皮鞋，男女都不能穿无领无袖的衣服，女的不能穿超短裙……不过每个周五是便装日……

阿　龙：那女同事那天都穿超短裙吗？

大　卫：没有，没见过！毕竟是职业女性嘛，虽然是便装日，大家还是有些约定俗成的东西的。不过周五她们的确更漂亮、随意，穿着没那么职业化，显得更时尚！

阿　龙：这个便装日的规定也很有特色。

大　卫：最好玩的是这个，男员工的老婆生孩子，他也可以休15天的陪产假！15天哦！

阿　龙：这你也羡慕！初为人父母，虽然高兴，但更多的是辛苦。小宝宝常常黑白颠倒，弄得大人一夜一夜睡不了觉，爸爸休息几天帮帮忙，是很应该的。

大　卫：瞧你，像个过来人一样嘛！

阿　龙：见得多啦！

大　卫：你看这一条，我们公司每逢春节会给每个员工的父母一个红包！

阿　龙：真的？！听着都感动！给员工红包不稀罕，给员工父母还真没听过！我怎么都快流眼泪了呢？

大　卫：你在中国文化里长大，重视孝道，就特别容易被这一点打动！当然公司不只是这一点，总的来说，我们的员工关系管理，都做得很好。

阿　龙：是啊，你们的好多规定严格又不失人情味儿。我都想去你们公司工作了。在那里工作，应该很开心吧，就像个大家庭一样。

大　卫：对啊。我刚到公司不久的时候，天气还很热，有一回我跟同事在会议室吃午饭，有几个销售人员也一身汗地回来了，拿着打包的盒饭跟大家一起边吃边聊。吃完饭他们又准备出去，我问：下午还要跑客户？他们说是。我奇怪：这么热的天，那中午干吗跑回来呢？你猜他们说什么？他们说：回来跟同事见见面，聊一聊，是一天中最开心的事，就像充电一样！

阿　龙：真的？

大　卫：还有我们那个销售经理老张，听说别的公司出了高很多的工资挖他，可他都谢绝了。理由很简单，他说我也干过不少公司，只有海诚，给我爹我妈发红包！人家说，那红包才多少钱？我们多给你的比那多多了！

阿　龙：我理解老张，那不一样。那给爹妈的红包，不只是钱，是一个企业的文化！

在经理办公室

大　卫：经理好！我想跟您商量点事儿。

经　理：什么事，大卫？你说。

大　卫：我想请假。

经　理：哦，请假，去人力资源部填好《请假申请表》，写好事由、请假起止时间，拿过来给我签字就行了。对了，大概请几天？

大　卫：不是，经理，我不是请短假。我想在今年暑假期间请一次长假，所以特地来找您商量。

经　理：长假？要多长？干什么？哦，大卫，你是不是想家了，假期要回美国？但你知道，公司有规定，超过15天的假，连我都批不了，要拿给人力资源部总监和公司总经理审批的。

大　卫：我看了公司的规定，知道一般情况下不可以请那么长时间的假，我也不会为了个人的原因那么长时间地耽误工作。但这次情况有点特殊。我参加了一个山区支教的志愿者组织，今年暑假，他们需要我去贵州的一个山区帮忙培训当地的英语老师。如果只去几天就走，我怕没什么效果…… 所以如果可以的话，我想去一个多月，因此除了我的10天年假，我还需要请20天事假。

经　理：这样啊……这样吧，大卫，你先把请假条交上来，我去跟人力资源部和总经理沟通一下。

大　卫：好，谢谢经理！

生词 New Words and Expressions

1	规矩	名	guīju	rules; the proprieties
2	手册	名	shǒucè	handbook
3	规章制度		guīzhāngzhìdù	rules and regulations
4	细节	名	xìjié	details; specifics
5	考核	动	kǎohé	examine; check
6	指引	动	zhǐyǐn	guide
7	阶段	名	jiēduàn	stage; phase
8	逢	动	féng	meet; come across
9	所得税	名	suǒdéshuì	income tax
10	漏税	动	lòushuì	evade taxation
11	便装	名	biànzhuāng	casual wear
12	约定俗成		yuēdìngsúchéng	accepted through common practice
13	颠倒	动	diāndǎo	turn something upside down; turn over
14	稀罕	形	xīhan	rare
15	打动	动	dǎdòng	move; touch
16	人事	名	rénshì	personnel
17	财务	名	cáiwù	financial affairs
18	挖	动	wā	dig; poach (sb.) from
19	谢绝	动	xièjué	refuse politely
20	审批	动	shěnpī	examine and approve
21	特殊	形	tèshū	particular

语句理解 Sentence Comprehension

一、没有规矩不成方圆呗！

“没有规矩不成方圆”，形容人们的言行举止必须遵守一定的规则。常用来劝诫人自觉遵守法规、制度、规定等。例如：

1. A：孩子都在外面站了一个小时了，算了吧！

   B：不行！做错了事情就应该受到惩罚，没有规矩不成方圆。现在教育总比以后后悔强。

2. 我们都应该遵守学校的纪律。没有规矩不成方圆嘛！

二、嗯，那倒也是。

“那倒也是”表示同意对方的观点。一般是说话人开始时不这样认为，在经过对方的解释说明以后表示同意。例如：

1. A：这套房子装修得挺漂亮的。

   B：漂亮是漂亮，但是周边的环境太差了。以后总不可能老待在房子里不出去吧。

   A：那倒也是。

2. A：你给我介绍的那个女孩子长得怎么样？

   B：找对象最重要的不是看外貌，而是看性格。毕竟以后是要在一起生活一辈子的。

   A：那倒也是。

三、不过周五她们的确更漂亮、随意，穿着没那么职业化。

“化”，加在名词或者形容词后构成动词，意为使……成为某种状态或具有某种性质。如“现代化”“美化”等。例如：

1. 学校简化入学手续，就是为了方便新生报到。
2. 我们要美化环境，更要美化心灵。

四、初为人父母，虽然高兴，但更多的是辛苦。

“初为……”，意为刚接触，第一次做。例如：

1. 初为班主任，没有带班的经验，有很多问题需要请教。
2. 初为领导，肯定会面临很多困难的。

五、瞧你，像个过来人一样嘛！

“过来人”，指对某事有过亲身经历或体验的人。例如：

1. 父母都是过来人，他们说的话一定有他们的道理。
2. 作为过来人，我提醒你，千万不要因为忙着赚钱而忽视了家庭。

六、总的来说，我们的员工关系管理，都做得很好。

“总的来说”，常用来概括前面说的内容或者下结论。例如：

1. 这款车时尚、安全性能好、价钱也不贵，总的来说，是个不错的选择。
2. 酒店面朝大海，交通方便，总的来说，位置很好。

七、我参加了一个山区支教的志愿者组织。

“支教”是指一项支援教育水平落后地区乡镇中小学校的教育和教学管理工作。近些年来中国的经济飞速发展，但仍然还有一些地区的教育水平相对落后，为了扶持和发展当地的教育，每年招募一定数量的应届毕业生自愿去支教。在党中央的号召下，很多在职工作人员也志愿加入支教队伍。例如：

1. 他大学毕业后，自愿到山区支教。
2. 一年的支教经历让她成熟了不少。

练习 Exercises

一、课前热身练习：学生们分享当日新闻、趣事

____

____

____

二、熟读下面的句子

1. 没有规矩不成方圆。
2. 国有国法，家有家规。
3. 初为人父母，虽然高兴，但更多的是辛苦。
4. 我太佩服你了！
5. 那可够热闹的！
6. 这就是中国特色！
7. 我想跟您商量点事儿。

三、根据课文内容填空

1. 放学后在教室里

阿　龙：大卫，放学了你还不走，忙什么呢？

大　卫：我在______我们公司的《员工______》。

阿　龙：你在______什么？

大　卫：哎呀，就是我们公司的各种______。

阿　龙：这也要______啊？

大　卫：其实我刚进公司的时候，跟另外几个新同事一起______过了，还考试了呢。当时觉得怎么这么多______……

阿　龙：没有______不成______呗！小时候我做错了事，我爸就会罚我，他总说：国有______，家有______。没有______，就不成______！所以必须知道什么事是不可以做的，做错了就要改！

大　卫：嗯，那倒也是。那些______当时背熟了，不过太久没用，有的______记不清了。最近我想请个长假，所以研究一下相关的______。而且刚来的时候光忙着应付______，没仔细体会，现在看来有些规定挺有意思呢。

阿　龙：是吗？______里也能找到好玩的东西，我太______你了！

大　卫：你看嘛，《员工手册》主要按______、______和______三种情况进行相关的规定。在入职阶段，除了一般的培训______，还要求部门主管在第一天亲自______新员工在哪里就餐；在职______，每月5日发薪，逢周末和节假日就提前；______由公司代扣代缴，我们就不用担心______的问题了……

2. 在经理办公室

大　卫：经理好！我想跟您______点事儿。

经　理：什么事，大卫？你说。

大　卫：我想______。

经　理：哦，请假，去人力资源部填好《______申请表》，写好事由、请假起止时间，拿过来给我______就行了。对了，大概请几天？

大　卫：不是，经理，我不是请短假。我想在今年暑假期间请一次长假，所以______来找您商量。

经　理：长假？要多长？干什么？哦，大卫，你是不是______了，假期要回美国？但你知道，公司有规定，超过15天的假，连我都批不了，要拿给人力资源部总监和公司总经理______的。

大　卫：我看了公司的规定，知道一般情况下不可以请那么长时间的假，我也不会为了个人的原因那么长时间地耽误工作。但这次情况有点______。我参加了一个山区支教的______组织，今年暑假，他们需要我去贵州的一个山区帮忙培训当地的英语老师。如果只去几天就走，我怕没什么效果…… 所以如果可以的话，我想去一个多月，因此除了我的10天______，我还需要请20天______。

四、根据对话内容，选择正确的答案

1 大卫为什么要研究《员工手册》？（　　）

A. 因为他想请长假

B. 因为他要准备公司的考核

C. 因为他想研究中国文化

2 公司规定星期几是便装日？（　　）

A. 星期三

B. 星期四

C. 星期五

3 公司给员工父母发红包是因为（　　）。

A. 公司效益好

B. 中国文化重视孝道，公司给员工父母福利

C. 公司作秀而已

4 大卫请假想去做什么？（　　）

A. 回美国

B. 去旅游

C. 去贵州当志愿者

五、读句子，注意句子中画线部分的用法

1

他总说：国有国法，家有家规。 我们必须遵守公司的规章制度。 我们要引导孩子们遵守交通规则。	没有规矩，就不成方圆！

2

规章制度里也能找到好玩的东西， 这么多字中你都能找到错别字， 十分钟你就赶到了， 这次考试这么难你都考了满分，	我太佩服你了！

六、选择恰当的词语或短语填空

规矩	细节	颠倒	打动	谢绝	审批
规章制度	约定俗成				

1. 俗话说：没有__________不成方圆。
2. 这部电影很好看，有许多__________值得思考。
3. 他送我的礼物我客气地__________了。
4. 尊老爱幼是我们__________的规则。
5. 你的请假申请需要得到领导的__________。
6. 他的话深深__________了我。
7. 每个员工都要遵守公司的__________。
8. 学汉语时我们经常__________词语顺序。

七、自由会话

1. 讲述一条让你印象深刻的公司（或学校）的规章制度。

2. 在你的周围你觉得最具有中国特色的事物是什么？请向大家描述一件/个最具有你们国家特色的事物。

八、角色扮演：请模仿课文进行对话

如果你是公司的领导，员工向你请假，你该如何和他交流呢？

九、实践题

今天你不能去上班，理由嘛……写张《请假条》给你的经理或老板（私人小型企业的话）。

课文二 Text Two

课文二音频

《员工手册》（节选）

一、员工行为守则

1. 倡导廉洁、守法、诚信、敬业的职业道德。

2. 自觉遵守公司各项章程，尽忠职守，服从上级安排，具备高效的执行力和团队意识。

3. 全体员工要刻苦学习科学技术和文化知识，切实提高自身的整体素质和水平，努力成为思想新、业务强、技术精的好员工。

4. 不得自行经营与职务类似的业务，或兼任其他同行业、企业的职务。

5. 不得泄露公司任何工作机密，或借职务之便，徇私舞弊，收受贿赂。

二、基本礼仪守则

1. 职员仪表应端庄、得体。工作时着装应保持清洁、大方。

2. 女职员上班应化淡妆，不宜用香味浓烈的香水。

3. 男职员不宜留长发、胡须。

4. 员工外出或参加会议时，衣着要符合场合需要，言行举止要维护并展示公司及个人的良好形象。

5. 员工上班时间须穿工作服或正装，衣着应始终保持整洁干净。

6. 不在办公场所大声吵闹喧哗，以免影响他人正常工作。

7. 接、打电话时应使用礼貌用语。电话内容要及时反馈落实，重要的事要做好记录。禁止闲聊或公话私用。

8. 不得擅自离岗、串岗、脱岗、睡岗等，有客户来访，应主动、热情、大方、微笑服务。

三、人力资源管理

1. 入职

（1）新员工入职程序。

到人事行政部报到→接受证件审核→填写《入职登记表》→考勤指纹录入→领取《员工手册》和办公用品→到相关部门报到。

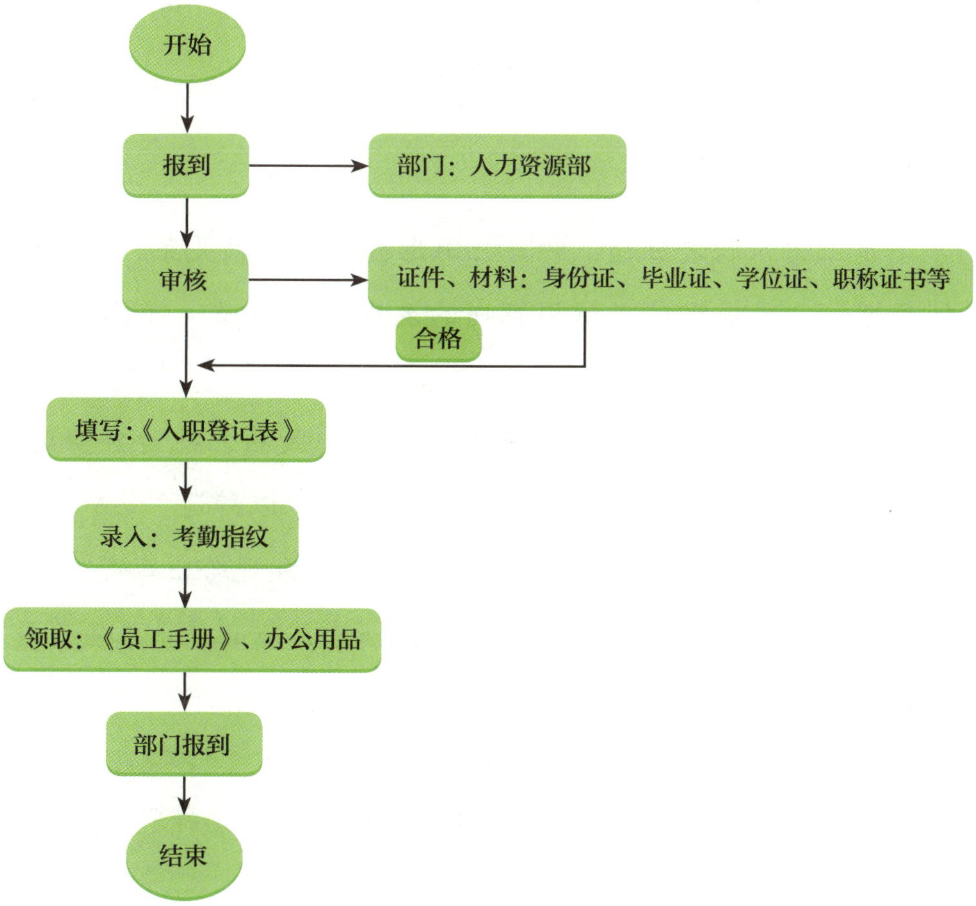

（2）人员甄选条件：有以下情况者不得录用。

①不满16周岁；

②曾被公司开除或未经批准自动离职；

③有多次跳槽经历；

④有拖欠公款尚未偿还的情况；

⑤所提供资料有虚假或隐瞒。

2．人员录用标准

（1）认同本企业文化和价值观；

（2）基本素质、工作心态、综合素质符合岗位要求；

（3）具备岗位所需的知识、经验和技能。

3．入职所需材料

（1）身份证、最高学历证书、学位证书的复印件各一份；

（2）职称证书、资格证书的复印件各一份；

（3）免冠一寸照片3张。

4．试用与转正

（1）新员工自入职之日起，即与公司形成事实劳动关系，须经过1～3个月的试用期，公司根据员工试用期内的表现进行考核，经试用不合格者公司将予以辞退。

（2）新员工在试用期内，因私事请假超过10天的，视为自动离职；无故旷工达2天，迟到或早退累计达5次的，公司将予以辞退。

（3）部门主管或经理对新员工在试用期的工作表现给出客观、公正的评价，确定该员工是否符合岗位工作要求，并在《员工转正表》上签署意见。

5．离职

（1）离职主要包括辞职、辞退、自动离职、开除等形式。

（2）辞职员工应提前30天提出书面申请，并填写《辞职申请书》，经部门经理、行政部、财务部和总经理签字后生效。

（3）员工最后工作日后可办理离职手续，需填写《员工离职交接单》，归还所有物品和资料，行政部通知财务部结算工资。

（4）员工被辞退应在当天办理完离职手续，不得延误。员工自动离职，公司将予以除名，列入黑名单。

（5）员工因严重违反公司规章制度或泄露公司机密造成恶劣影响的，公司将予以开除，并有权要求其赔偿对公司造成的经济损失。

四、薪酬管理制度

1．本公司员工的职薪

依其学历、工作岗位、经验、技能、内在潜力及其担任工作责任轻重等综合因素核发。

2．员工薪金类别

（1）本薪：本薪乃基本月薪，其金额根据《职薪等级表》的规定按月支付；

（2）岗位工资：根据岗位重要性、技术技能定岗位工资；

（3）绩效奖金：根据员工对公司付出的努力和劳动所产生的效益，按绩效决定奖金的金额；

（4）生活津贴：每人每月餐费津贴500元；

（5）全勤奖金：每月无请假、旷工、迟到、早退记录的人员，应给予全勤奖金；

（6）年终奖金：根据公司年度利润情况及员工年度考绩等级核发；

（7）其他奖金：对公司有特别贡献的奖金，另外支付。

3．员工薪资发放

（1）员工的薪金发放根据当月的工作考勤，每月10日足额发放上月的薪金。

（2）员工的薪金计算时间为报到工作之日到离职之日，对于新任及辞职的员工，当月薪金均以其实际工作天数乘以月薪每日金额。若是下旬21日以后报到的新进人员，为了便于薪金作业，合并于下月发给薪金。

（3）在工作中，若遇职位调动、提升，从变更之日起，适用新职业等级薪金。

（4）离职人员薪金于办妥离职及移交手续后，下月的10日核发。

（5）员工应对本身的薪金保密，不得公开谈论，否则予以处分。

生词 New Words and Expressions

1	倡导	动	chàngdǎo	initiate; propose
2	廉洁	形	liánjié	honest; with clean hands
3	诚信	形	chéngxìn	credibility and integrity
4	敬业	形	jìngyè	devote to work
5	职业道德	名	zhíyèdàodé	professional ethics
6	团队意识	名	tuánduìyìshí	sense of teamwork
7	泄露	动	xièlòu	let out; reveal
8	徇私舞弊		xùnsīwǔbì	play favouritism and commit irregularities
9	得体	形	détǐ	appropriate
10	不宜	副	bùyí	inadvisably; inappropriately
11	维护	动	wéihù	maintain
12	程序	名	chéngxù	procedure; process
13	报到	动	bàodào	register; report one's arrival
14	审核	动	shěnhé	examine and verify
15	甄选	动	zhēnxuǎn	select; pick
16	拖欠	动	tuōqiàn	be behind in payment
17	公款	名	gōngkuǎn	public funds; government expense
18	虚假	形	xūjiǎ	false; sham
19	隐瞒	动	yǐnmán	conceal; hide; disguise
20	试用期	名	shìyòngqī	period of probation; qualifying period
21	累计	动	lěijì	accumulative total; add up
22	黑名单	名	hēimíngdān	blacklist
23	绩效	名	jìxiào	performance
24	津贴	名	jīntiē	subsidy; allowance
25	全勤	形	quánqín	present at duty every day
26	利润	名	lìrùn	profit
27	贡献	名	gòngxiàn	contribution
28	提升	动	tíshēng	promote; elevate

语句理解 Sentence Comprehension

一、员工行为守则。

“行为守则”，指群体或个人在参与社会活动中所遵循的规则、准则，是社会认可和人们普遍接受的具有一般约束力的行为标准，例如：

1. 每个员工都应该遵守行为守则。
2. 学生行为守则里规定男生不能留长发。

二、自觉遵守公司各项章程。

“遵守”，指依照规定行动而不违背，例如：

1. 大家在公司工作就要遵守公司的各项规定。
2. 出门在外一定要遵守交通规则。

三、服从上级安排。

“服从……安排”，一般指遵照上级的指示、要求来办事，例如：

1. 全班同学一致服从班主任的安排。
2. 如果你不服从团队的总体安排，你将会打乱整个工作计划。

四、不得自行经营与职务类似的业务。

“与……类似”，指和某事物在性质、特征上相似或相近，例如：

1. 他的绘画风格与某位艺术大师的类似。
2. 她现在的岗位和她之前的类似。

五、或兼任其他同行业、企业的职务。

“兼任”，指同时担任两个或以上组织的职务，例如：

1. 小丽兼任了学生会主席和班长。
2. 你作为公司的财务人员不能兼任其他公司的会计。

六、或借职务之便，徇私舞弊，收受贿赂。

“借……之便”，指利用某方面的便利条件达到某种目的，例如：

1. 他借工作之便，制造事端，从中获利。
2. 所有人在岗位上都不得借工作之便获取私利。

七、衣着要符合场合需要。

“符合”，指与……相适应、适合，例如：

1. 这幅画很符合这间房子的装修风格。
2. 这件衣服很符合你的气质。

八、不得擅自离岗、串岗、脱岗、睡岗等。

“串岗”，指在正常考勤时间，无故离开本人工作岗位到其他人工作岗位上，从事与本职工作无关的活动，例如：

1. 在上班时间不要串岗以免影响他人工作。
2. 闲聊、打闹都是串岗行为。

九、有多次跳槽经历。

“跳槽”，指离开原来的职业或单位到别的单位或改变职业，例如：

1. 频繁跳槽对你长远的职业生涯来说不好。
2. 张先生上周已经跳槽到另一家公司了。

十、其金额根据《职薪等级表》的规定按月支付。

“根据……”，指把某种事物作为结论的前提或语言行动的基础，例如：

1. 根据上级要求，本次的活动将以室内形式进行。
2. 我们可以根据云的形态来判断天气的好坏。

十一、员工应对本身的薪金保密，不得公开谈论，否则予以处分。

“否则”，指如果不这样，相当于“不然”，例如：

1. 你必须在规定的时间前完成公司布置的任务，否则将扣除奖金。
2. 首先必须把场地清理好，否则无法施工。

练习 Exercises

一、课前热身练习：学生们分享当日新闻、趣事

____

____

____

二、根据课文录音给课文中画线的生词加上拼音

倡导 …………	不宜 …………	试用期 …………
廉洁 …………	维护 …………	累计 …………
诚信 …………	程序 …………	黑名单 …………
敬业 …………	报到 …………	绩效 …………
职业道德 …………	审核 …………	津贴 …………
团队意识 …………	甄选 …………	全勤 …………
泄露 …………	拖欠公款 …………	利润 …………
徇私舞弊 …………	虚假 …………	贡献 …………
得体 …………	隐瞒 …………	提升 …………

三、根据课文内容填空

1. ______廉洁、守法、诚信、敬业的职业道德。
2. 自觉遵守公司各项章程，__________，服从上级安排。
3. 职员仪表应端庄、__________。
4. 电话内容要及时__________落实。
5. 不得擅自离岗、__________、脱岗、睡岗等。
6. 公司根据员工试用期内的__________进行考核。
7. 员工自动离职公司将予以除名，列入__________。
8. ______奖金：根据员工对公司付出的努力和劳动所产生的效益，按绩效决定奖金的金额。
9. 在工作中，若遇职位调动、______，从变更之日起，适用新职业等级薪金。
10. 员工应对本身的薪金保密，不得公开谈论，__________处分。

四、连线搭配词语

维护	章程
泄露	利益
遵守	安排
符合	黑名单
服从	考核
进行	要求
列入	机密

五、选择恰当的词语或短语填空

甄选　诚信　得体　隐瞒　贡献　提升　执行力　徇私舞弊

1. __________是高效团队的重要指标。
2. 公司要遵守__________原则，这样才能获得客户的信任。

3. 小林是在众多面试者当中被__________出来的，我们都很期待他日后卓越的表现。

4. 我们要在日常工作中不断总结、不断______自己的工作能力。

5. 为了维护公司的利益，我们要坚决杜绝借职务之便______的行为。

6. 建筑工们虽然默默无闻，但他们对社会作出了巨大的__________。

7. 他为了得到那份工作而__________了真实年龄。

8. 在面试时我们的言行举止一定要__________。

六、根据课文内容判断正（√）误（×）

1. 公司在岗员工可以自行经营与职务类似的业务或兼任其他同行业、企业职务。（　　）

2. 女职员上班应化淡妆，不宜用香味浓烈的香水。（　　）

3. 员工在上班时间可以按照自己的意愿穿着舒服的便装。（　　）

4. 辞职员工应提前15天提出书面申请，并填写《辞职申请书》。（　　）

5. 新员工自入职之日起，须经过1个月的试用期，公司根据员工表现进行考核。（　　）

6. 员工薪金在每月月底发放。（　　）

7. 员工应对本身的薪金保密，不得公开谈论，否则予以处分。（　　）

七、根据课文关于员工入职程序的内容，完成以下流程图

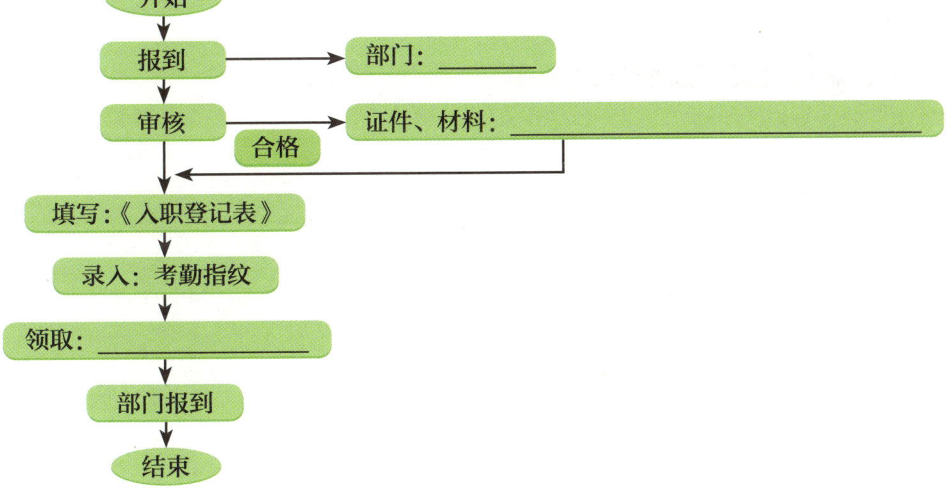

八、根据课文内容，选择正确的答案

1 以下哪些是公司基本行为守则要求？（　　）（可多选）

A. 不得自行经营与职务类似的业务

B. 不得泄露公司各项工作机密

C. 工作时着装应保持清洁、大方

2 以下哪项符合员工甄选条件？（　　）

A. 年龄15岁

B. 多次跳槽

C. 无被开除或擅自离职记录

3 以下哪项不属于人员录用标准？（　　）

A. 认同本企业文化和价值观

B. 基本素质、工作心态、综合素质符合岗位要求

C. 未掌握岗位所需技能或知识

4 以下哪些是入职所需材料？（　　）（可多选）

A. 身份证、最高学历证书、学位证书复印件

B. 职称证书、资格证书复印件

C. 免冠一寸照

5 以下哪项不属于离职程序？（　　）

A. 提前30天提交《辞职申请书》

B. 最后工作日办离职手续，填写《员工离职交接单》

C. 办完离职手续当天结算工资

6 以下哪几项属于薪酬构成？（　　）（可多选）

A. 基本底薪

B. 绩效奖金

C. 全勤奖金

7 薪资考核因素不包括以下哪项？（　　）

A. 学历

B. 工作岗位

C. 年龄

8 离职人员办妥离职及移交手续后，其薪金于什么时候核发？（　　　）

A. 下月5日

B. 本月底

C. 下月10日

九、开放讨论题

1. 上班必须穿职业套装，与同学讨论一下这个要求是否合理，并给出理由。

____

____

____

2. 请再提出一条你认为可以进一步完善的公司规定，并阐述理由。

____

____

____

会心一笑

谁还需要钱？

编译　夏建清

本基在商业上叱咤风云，成就亿万身家，还得到女王的嘉奖，授予他骑士爵位。这天，本基又谈成了一笔大生意，欣喜之余，当即决定带妻子萨迪去以色列，于是让秘书卡若尔安排。

卡若尔拨通了特拉维夫大酒店的电话，找经理讲话。

“我很荣幸地通知您，骑士本基先生将携夫人于下周入住贵店。鉴于本基先生非常富有，他们的入住环境要百分之百私密，需要预订贵处整个酒店，钱不是问题！您能安排吗？”

经理毫不犹豫地回答：“能！我把所有其他客人请到我们的分店。”

卡若尔又问：“贵店有海滩吗？”

“有！”

卡若尔：“沙子是什么颜色？”

“银白色。”

卡若尔：“这可是个问题……本基骑士一直坚持要金黄的沙子……”

经理：“这不是问题！我来处理。附近有个采沙厂，我叫他们在沙滩上铺上金色沙子。”

卡若尔：“还有，骑士本基先生喜欢蓝天，天上不能有云彩，下周你们那儿的天气会很好吗？”

经理：“没问题，我会请空军驱散云层。”

一周后，本基和萨迪躺在了空旷无人的黄金海滩上晒太阳，本基看看四周的风景，抬头望着没有一丝云彩的蔚蓝天空，说：“亲爱的萨迪，看看这周围的一切，真是太美了！这是我们的私密空间，其他一个人也没有，酒店里寂静无声，沙子干净漂亮，金灿灿的，惹人喜爱，蓝蓝的天空，万里无云。萨迪，你说，有了这一切，谁还需要钱？”

第十课 社会责任

课文一音频

课文一 Text One

赠人玫瑰，手有余香

在公司，王经理打内线电话给大卫

经　理：大卫，我是王经理。请你到我办公室来一下好吗？

大　卫：好的，经理。

经　理：大卫，这是你的请假条。人力资源部和总经理都已经批了。

大　卫：真的？太谢谢您了，经理！

经　理：大卫，应该是我们谢谢你！

大　卫：这……

经　理：哦，除了你的假条，我们公司还准备了1000本图书、字典，10台电脑，到时邮寄过去，请你代表公司捐给你支教的学校。

大　卫：经理，这……我都不知道该说什么好了，太意外了！谢谢谢谢！

经　理：大卫，该说谢谢的是我们。你这真是大爱无疆！作为一个外国人，生活在中国最现代的城市，每天同样忙忙碌碌，却把目光投向了中国教育较为落后的地方，而且你不仅用眼睛看，还用心去体会，用行动去帮助……

大　卫：我……

经　理：大卫，在英语里，有一个很美的句子：Roses given，fragrance in hand. 也就是赠人玫瑰，手有余香。感谢你要去为山区的孩子和老师们所做的一切，感谢你提醒了我们，除了工作，其实还有很多我们能做也愿意去做的事。也提醒了我们作为个人、作为企业，应该承担的社会责任……大卫，山里的生活条件会比较艰苦，你要照顾好自己，能打电话的话，记得跟我们多联系。有什么需要帮忙的，随时告诉我们。

大　卫：一定，经理，一定！

早上5点多，阿龙送大卫去机场赴贵州

阿　龙：大卫，证件什么的都带齐了？

大　卫：嗯，我刚才出门时又检查了一遍，带好了。

阿　龙：箱子里都装的什么，这么沉，衣服？

大　卫：我又不是去参加时装秀，哪会带那么多衣服啊。除了简单的衣服、牙刷、毛巾什么的，有半箱子书和一些零食，拿去给孩子们做小奖品的。

阿　龙：你真细心！可是你不是去培训老师吗，也还要给孩子们上课？

大　卫：嗯，要上示范课。不然光跟老师们讲理论，效果肯定没那么好。

阿　龙：这张纸条你拿好，我把路上该注意的事都列下来了。记得在贵州遵义下飞机后，赶紧买票，搭去湄潭县的中巴，你要赶的是最后一班车，错过了就麻烦了，所以一定要抓紧时间……你得在天黑之前赶到山里……哎呀，我怎么这么不放心啊！要不是该死的实习，我就可以跟你一起去了！

大　卫：（搂着阿龙的肩膀）阿龙，阿姨没来，你倒成了妈妈！放心吧，我又不是小孩子，有事我会打听的。中国老百姓对老外都挺友好的

不是吗？再说会有个老师到镇上带我一起进山的，我们通过电话了，你放心！

阿　龙：那你一到就马上给我报平安啊！不然我爸我妈都不知道得念叨多少次。

大　卫：知道了。

阿　龙：等我实习一结束，就马上来找你。到时候我教孩子们体育和语文。我还会带上吉他，教他们唱歌。

大　卫：那岂不要抢了我的风头，哈哈！

大卫在贵州，经理跟他通电话

经　理：大卫，你好！出去半个月了，怎么样啊？

大　卫：经理！您好！我挺好的！培训的情况也挺好的！这里的信号不是很稳定，加上每天时间排得很满，所以就只给您发了两回短信。

经　理：吃喝住什么的还适应吗？

大　卫：啊，一开始胃疼了几天。因为这里有的孩子住得很远，所以每天早上十点才上课。中午没有午休，下午四点放学。一天两顿饭，所以每天第一顿就得吃干米饭，不然下午会饿。一开始胃不太适应，现在没事啦！这里的人都特别好，风景也特别美。我住在一个老师家，条件不像朋友们告诉我的那么差。

经　理：呵呵呵，他们怎么告诉你的？

大　卫：他们说厕所是半露天的草棚子，蹲的地方是几块木板，下面还有可能看得见猪……不过，经理，这里物质上虽然不是想象的那么差，但精神生活真的很匮乏。很多孩子的父母外出打工，几年都不回来一次；除了课本，他们也很少有机会读到其他的书。全校只有一个孩子家里有篮球，他的爸爸好像是卖猪肉的，所以买得起篮球。课余的时候，只有他出来玩，全校的孩子才能打打篮球……

经　理：我知道了。你还了解了哪些情况？

大　卫：上个周末，我跟几位老师去家访，走了7个小时才到一个学生家，我饿得都出虚汗了！可是，让我震惊的是，这个五年级的小姑娘，每天都是这样走的，而且是往返！她走得快，单程也要5个小时，所以我明白了学校为什么10点才上课。而这个小姑娘从两岁多就没再见过妈妈，爸爸出去打工了，她跟着年迈的爷爷奶奶……她每天都乐呵呵的，成绩也很好。

经　理：听了很难过！我们一定要为孩子们做点什么。对了，大卫，你走了以后，公司也开了次讨论会，大家平时都埋头做事，忘了抬头看路。现在公司里的同事有的参加了义工工作，有的结伴周末带着孩子去敬老院看望老人、陪他们聊天，有的打算节假日把福利院的孩子接回家一起过节……谢谢你带了个好头。其实力所能及地帮助别人，对自己也有很多好处。原来真像那句话说的：赠人玫瑰，手有余香。好多人参加了这些活动后，反而变得更开心更有寄托，甚至家庭关系也更好了！

大　卫：谢谢您，经理，我听了真的太开心了！其实深圳的义工志愿者特别多，也是全中国组织得最好的。我也是受了身边中国朋友的感召，才想到要来做点什么的。而且来到这里以后，我觉得我获得的比我付出的多多了！

作者在贵州湄潭支教

经　理：嗯，我们已经开始跟总部沟通，相信不久的未来，也会有我们捐建的“海诚希望小学”。那个家住得最远的小姑娘，我和我太太希望能资助她一下，你帮我打听一下能做点什么，让她有更多的时间学习。篮球我也买三十个，回头邮寄过去。

大　卫：哦，太好了，我告诉孩子们，他们肯定会高兴坏了！

作者在四川震后重建学校上示范课

生词 New Words and Expressions

1	捐	动	juān	contribute
2	艰苦	形	jiānkǔ	difficult
3	时装秀	名	shízhuāngxiù	fashion show
4	细心	形	xìxīn	careful
5	示范	动	shìfàn	demonstrate
6	理论	名	lǐlùn	theory
7	效果	名	xiàoguǒ	effect
8	实习	名	shíxí	practice；fieldwork
9	风头	名	fēngtou	the publicity given to someone
10	信号	名	xìnhào	signal
11	适应	动	shìyìng	adapt；accommodate
12	露天	形	lùtiān	open-air
13	草棚	名	cǎopéng	thatched shack
14	匮乏	形	kuìfá	deficient；short（of supplies）
15	家访	动	jiāfǎng	visit parents of school-children
16	虚汗	名	xūhàn	abnormal sweating due to general debility
17	震惊	动	zhènjīng	shock
18	年迈	形	niánmài	old；aged
19	乐呵呵	形	lèhēhē	happy and gay
20	埋头	动	máitóu	bury oneself in；be engrossed in
21	义工	名	yìgōng	volunteer
22	敬老院	名	jìnglǎoyuàn	home for the aged
23	福利院	名	fúlìyuàn	welfare house；charity house
24	寄托	动	jìtuō	place（hope，etc.）on
25	感召	动	gǎnzhào	move；inspire
26	付出	动	fùchū	pay；expend
27	资助	动	zīzhù	support

语句理解 Sentence Comprehension

一、也就是赠人玫瑰，手有余香。

“赠人玫瑰，手有余香”表示给予别人的同时自己也会获得快乐，方便别人的同时也会给自己带来方便。例如：

1. 俗话说：赠人玫瑰，手有余香。帮助了别人，我自己也会觉得很快乐。
2. A：你的旧衣服都丢了吗？
   B：没有。我都送人了。赠人玫瑰，手有余香嘛！

二、我又不是去参加时装秀，哪会带那么多衣服啊。

“又”表示强调，加重语气。常用于否定句、反问句。例如：

1. 孩子又不喜欢吃橙子，不用买那么多。
2. 你不说，我又怎么知道？

三、不然光跟老师们讲理论，效果肯定没那么好。

“不然”，表示转折，意为如果不这样就会出现什么情况或产生什么结果。例如：

1. 我们还是打的去吧，不然来不及了。
2. 你早点告诉他比较好，不然，他会生气的。

四、要不是该死的实习，我就可以跟你一起去了！

“该死”，口头语，表示埋怨、厌恶、气愤的话，常用于责备自己或者别人。例如：

1. 真该死！我忘了锁门了。
2. 这该死的骗子，把我刚买的手机都骗走了。

五、那岂不要抢了我的风头，哈哈！

“岂”表示反问，是书面语，相当于“难道”。例如：

1. 情人节你都不去陪女朋友，那她岂不是很伤心？
2. 他们都是我的好兄弟，岂能不帮？

六、谢谢你带了个好头。

“带了个好头”表示首先行动起来，给其他人做个好榜样。例如：

1. 你怎么不做作业呢？你是班长，应该带个好头啊。
2. 我们村能够有今天，是他带了个好头啊！

七、他们肯定会高兴坏了！

“坏”，用在形容词、动词后，表示程度深。例如：

1. 有什么吃的没有？我饿坏了。
2. 孩子晚上没有回家，可把我担心坏了。

练习 Exercises

一、课前热身练习：学生们分享当日新闻、趣事

____

____

____

二、根据课文内容填空

1. 早上5点多，阿龙送大卫去机场赴贵州

阿　龙：箱子里都装的什么，这么沉，衣服？

大　卫：我又不是去参加______，哪会带那么多衣服啊。除了简单

的衣服、牙刷、毛巾什么的，有半箱子书和一些零食，拿去给孩子们做小奖品的。

阿　龙：你真______！可是你不是去培训老师吗，也还要给孩子们上课？

大　卫：嗯，要上______课。不然光跟老师们讲______，______肯定没那么好。

2. 大卫在贵州，经理跟他通电话

经　理：呵呵呵，他们怎么告诉你的？

大　卫：他们说厕所是半______的______子，蹲的地方是几块木板，下面还有可能看得见猪……不过，经理，这里______上虽然不是想象的那么差，但精神生活真的很______……

经　理：我知道了。你还了解了哪些情况？

大　卫：上个周末，我跟几位老师去______，走了7个小时才到一个学生家，我饿得都出______了！可是，让我______的是，这个五年级的小姑娘，每天都是这样走的，而且是往返！她走得快，单程也要5个小时，所以我明白了学校为什么10点才上课。而这个小姑娘从两岁多就没再见过妈妈，爸爸出去打工了，她跟着______的爷爷奶奶……她每天都______的，成绩也很好。

经　理：听了很难过！我们一定要为孩子们做点什么。对了，大卫，你走了以后，公司也开了次讨论会，大家平时都______做事，忘了抬头看路。现在公司里的同事有的参加了______工作，有的结伴周末带着孩子去______看望老人、陪他们聊天，有的打算节假日把______的孩子接回家一起过节……好多人参加了这些活动后，反而变得更开心更有______，甚至家庭关系也更好了！

大　卫：谢谢您，经理，我听了真的太开心了！其实深圳的义工志愿者特别多，也是全中国组织得最好的。我也是受了身边中国朋友的______，才想到要来做点什么的。而且来到这里以后，我觉得我获得的比我______的多多了！

三、连线搭配词语

付出	环境	信号	显著
参加	感情	精神	扎实
适应	劳动	理论	丰富
资助	贫困生	物质	匮乏
寄托	时装秀	效果	稳定

四、选择恰当的词语或短语填空

艰苦　示范　实习　唠叨　付出　寄托　资助
适应　时装秀　乐呵呵　志愿者　抢……风头

1. 甲：听说你在______表演上获得了一等奖，恭喜恭喜！

乙：呵呵，谢谢！

甲：你表演时穿的什么衣服啊？

乙：哦，是我自己设计的现代旗袍。

2. 甲：你看见过那个刚到公司______的小王吗？听说他在公司研讨会上演示了公司新设计出来的那种领带的打法呢！

乙：啊？！那这不是______了设计师的______吗？

甲：可不是嘛！

3. 甲：最近学校正在举行一次大型的以中国传统文化为主题的演讲比赛，你知道吗？

乙：我听说了。这次活动好像是由一家企业______的。

甲：是啊，现在国家和社会对传统文化越来越重视，学校领导对这次活动______了美好的愿景。

4. 甲：你瞧，张慧慧每次见到大家都是一副＿＿＿＿＿＿的样子，我们聊天时都感觉到很轻松有趣。

乙：是啊！不过我觉得要是她不那么＿＿＿＿＿＿就更好了。

甲：嗯！这点我赞同，她的话是多了点儿。

5. 甲：上个学期你不是去贵州支教去了吗？怎么样？那边的环境是不是很＿＿＿＿＿＿啊？

乙：其实那边的自然环境挺好的，青山秀水的，只是天气太冷了，比深圳这边冷多了，所以有点难以＿＿＿＿＿＿。

甲：那你应该＿＿＿＿＿＿了许多吧，真是辛苦你了！

乙：还好啦！既然自己是一名＿＿＿＿＿，就要做好带头＿＿＿＿＿作用，辛苦点不算什么。

五、回答下列问题，用上画线的词

1. 讲述你的实习经历。

＿＿＿＿＿＿＿＿＿＿＿＿＿＿＿＿＿＿＿＿＿＿＿＿＿＿＿＿＿＿

2. 你适应深圳的天气了吗？

＿＿＿＿＿＿＿＿＿＿＿＿＿＿＿＿＿＿＿＿＿＿＿＿＿＿＿＿＿＿

3. 你们国家的老师会不会到学生家里家访？

＿＿＿＿＿＿＿＿＿＿＿＿＿＿＿＿＿＿＿＿＿＿＿＿＿＿＿＿＿＿

4. 你觉得哪种方法学习汉语最有效果？

＿＿＿＿＿＿＿＿＿＿＿＿＿＿＿＿＿＿＿＿＿＿＿＿＿＿＿＿＿＿

六、把括号中指定的词语放在句中合适的位置上

1. 我A不是B小孩子了，C请D放心好了。（又）
2. A当志愿者B能锻炼自己，C还能D帮助贫困山区的孩子们。（不仅）
3. 你如果到了，A请发信息B告诉我，C我D来接你。（就）

4. 虽然这件次考试A让他很沮丧，B也让他C知道了D要做好充分的准备。（但是）

5. A这件事不但没有让他气馁，B让他内心C重新D燃起了斗志。（反而）

七、交流与表达实践

某山区的老师想为她的学生们找一些免费的书，新旧都可以，你能跟你的亲朋好友、同学，甚至一些机构倡议一下，动员大家一起捐些书给孩子吗？你会怎么说呢？

课文二 Text Two

课文二音频

“小水滴”汇成无国界的爱

每周三，在香港大学深圳医院的骨科病房里，都会上演这么温馨的一幕：来自深圳大学国际交流学院的留学生作为志愿者老师，耐心地给孩子们讲着故事，病房里不时传出阵阵笑声……

这个课堂，有一个可爱的名字——“小水滴爱心课堂”。“小水滴”取自于“滴水成海”之意，积少成多，集腋成裘。一份小爱凝聚成无穷大爱。

和普通的病房陪护不一样，“小水滴爱心课堂”在征求心理学家、具有幼教经验一线教师的建议后，开设了文化和兴趣两种课程。文化课程包括：语文课、国学课、英文会话课、自然科学课等；兴趣课程包括：手工课、音乐课、美术课、儿童故事汇等。

三年前，深圳大学国际交流学院的留学生们在得知这个爱心课堂后，便自发成立了“小水滴爱心课堂国际志愿者群”。英文课目前已有来自捷克、克罗地亚、韩国、日本、俄罗斯、也门、突尼斯、尼泊尔、哥伦比亚、法国、泰国、巴西、墨西哥、美国、加拿大、匈牙利、阿根廷等国家的留学生志愿者相继加入。他们为病童们创建了一个走向世界、认识世界、了解世界的平台。

这些老师还针对上课孩子流动性大、年龄差异大、认知发展阶段不一的特殊性，出谋划策，设计了很多富有趣味性、层次性和实用性的英语课程。

老师们通过英语会话、英语歌曲、英语游戏和英语绘本故事等形式，寓教于乐。

这些骨科病房里的孩子们，年龄集中于3～12岁，他们不能像其他孩子一样，可以去学校上学，也不太习惯上课。老师们鼓励孩子们张开嘴巴，打开心扉，进一步体会到学习的乐趣，在学习中找到了自信心和成就感。

国际志愿者老师和孩子们打成一片，每次下课后孩子们对这些志愿者都是依依不舍。

一名患儿家属在反馈表上这样说："在短短的一个小时里，孩子不仅认识了很多字，而且还找到了久违的学习动力。"

志愿者老师们说，看着孩子们不再局促与羞涩，愈发自信和坚强，他们的心上开出了一朵花。这些留学生志愿者们在与这些病童相处后，发现自己生活中碰到的很多挫折，根本不算回事儿，日后遇事绝不再轻言放弃，要为孩子们树立一个好榜样。他们也非常感谢"小水滴爱心课堂"这个平台，让他们有机会亲身体验深圳公益事业的发展，并且得到更多的成长。

截至2020年8月12日，该爱心公益课堂共开课近千课时，由来自不同国家和地区的23位中外志愿者授课，服务患儿达3115人次，深受院方、患儿及家长的一致好评。

一滴水的力量是微小的，但是当涓滴小爱凝聚成大爱，就是无穷的正能量，温暖孩子们小小的心灵。来自五湖四海的国际志愿者们让爱心在希望中绽放，让希望在教育中成长。志愿无国界、爱心无疆界。

注：本篇图文由“崇上·小水滴爱心课堂”项目深圳大学负责人、国际交流学院黄维维老师提供。

生词 New Words and Expressions

1	汇成	动	huìchéng	join together to form sth.; converge into
2	自发	副	zìfā	spontaneously
3	相继	副	xiāngjì	one after another
4	针对	动	zhēnduì	be directed against; be aimed at
5	流动性	名	liúdòngxìng	mobility
6	差异	名	chāyì	difference
7	打开心扉		dǎkāixīnfēi	open one's heart
8	成就感	名	chéngjiùgǎn	sense of achievement
9	反馈表	名	fǎnkuìbiǎo	feedback tables
10	动力	名	dònglì	motivation
11	愈发	副	yùfā	even more
12	挫折	名	cuòzhé	frustration
13	公益	名	gōngyì	public good
14	截至	副	jiézhì	by (a specified time)
15	患儿	名	huànér	child patient
16	一致	副	yīzhì	consistent
17	凝聚	动	níngjù	gather
18	无穷	形	wúqióng	endless
19	正能量	名	zhèngnéngliàng	positive energy
20	绽放	动	zhànfàng	blossom

常见国家名称：

1	捷克	jiékè	Czekh
2	克罗地亚	kèluódìyà	Croatia
3	韩国	hánguó	South Korea
4	日本	rìběn	Japan
5	俄罗斯	éluósī	Russia
6	也门	yěmén	Yemen
7	突尼斯	tūnísī	Tunisia
8	尼泊尔	níbóěr	Nepal
9	哥伦比亚	gēlúnbǐyà	Columbia
10	法国	fǎguó	France
11	美国	měiguó	the United States of America (U.S.A.)
12	泰国	tàiguó	Thailand
13	巴西	bāxī	Brazil
14	墨西哥	mòxīgē	Mexico
15	加拿大	jiānádà	Canada
16	匈牙利	xiōngyálì	Hungary
17	阿根廷	āgēntíng	Argentina

语句理解 Sentence Comprehension

一、“小水滴”汇成无国界的爱。

“无国界”，指没有国家之分，一般用在某个领域，比如：音乐无国界，无国界医生。例如：

1. 目前许多无国界医生正在中东战地上为伤者治疗。
2. 我们可以无国界地爱，不要互相伤害。

二、“小水滴”取自于“滴水成海”之意，积少成多，集腋成裘。一份小爱凝聚成无穷大爱。

“滴水成海”表示无数的水滴聚集起来就可以汇聚成一片海洋，和“积少成多”近义，例如：

1. 十年过去，聚少成多、滴水成海，他在这一行业中终于打拼出了一片自己的广阔天地。
2. 经验就像滴水成海，需要慢慢积累。

“集腋成裘”表示把许多狐腋缝在一起就可做成一件皮袄。比喻聚少成多，积小为大，例如：

1. 如果我们每个人都捐助一点零用钱，集腋成裘，就是一笔很大的数目，许多失学儿童就能重新上学了。
2. 如今弄多少是多少，也只好是集腋成裘了。

三、和普通的病房陪护不一样，“小水滴爱心课堂”在征求心理学家、具有幼教经验一线教师的建议后，开设了文化和兴趣两种课程。

病房陪护，指为了照顾住院生病的人，家人或护工在病房中陪伴在病患身边，例如：

1. 如果你想在医院照顾你母亲的话，你要向医院申请病房陪护。
2. 在医院陪护的人都要遵守病房陪护管理制度。

四、文化课程包括：语文课、国学课、英文会话课、自然科学课等。

“国学课”，指关于中国文化的课程，包括传统经典、艺术文化等，例如：

1. 国学课是汉语学习课程中的重要一门。
2. 国学课能帮你了解更多关于中国文化的知识。

“自然科学课”，指科学启蒙课程，学习基本的自然常识，包括天文、地理、物理、化学、生物等知识，例如：

1. 自然科学课非常受孩子们的欢迎。
2. 自然科学课在基础课程中占很大的比重。

五、这些老师还针对上课孩子流动性大、年龄差异大、认知发展阶段不一的特殊性，出谋划策，设计了很多富有趣味性、层次性和实用性的英语课程。

“出谋划策”表示：出主意、想对策来帮助解决问题，例如：

1. 由于大家一起出谋划策，我们最终取得了胜利。
2. 为了公司的利益大家都出谋划策。

“趣味性”，指某事物很有趣，以至于在完成这件事的过程中会有许多有意思的地方，从而让人感到轻松，例如：

1. 老师在上课时一定要考虑课堂的趣味性。
2. 这个学习汉语的方式很有趣味性。

“实用性”，指某方面的知识、技术通俗易懂，容易被应用到日常生产生活当中，例如：

1. 语言的意义不仅仅是它的实用性。
2. 我们在设想这款产品概念时首先应该考虑其实用性。

六、老师们通过英语会话、英语歌曲、英语游戏和英语绘本故事等形式，寓教于乐。

“寓教于乐”表示把教育跟娱乐融合为一体，使人在娱乐中受到教育。例如：

1. 寓教于乐的教学方式更加受学生欢迎。
2. 教儿童语言时要注意寓教于乐。

七、国际志愿者老师和孩子们打成一片，每次下课后孩子们对这些志愿者都是依依不舍。

“打成一片”原意是指形成一个整体，现多用来形容感情融洽、相处和谐、成为一体，例如：

1. 张老师活泼开朗，很快就和孩子们打成一片。
2. 我们要积极融入集体，和同学们打成一片。

“依依不舍”形容舍不得离开。

1. 晚会结束已经大半天了，同学们才依依不舍地离去。
2. 今天是最后一节课，大家都依依不舍地离开了学校。

八、孩子不仅认识了很多字，而且还找到了久违的学习动力。

“不仅……而且……”，指语义上的递进关系，侧重点在“而且”后的内容，例如：

1. 多读课外书不仅能帮孩子们学习更多词句，而且还能拓展他们的知识面。

2. 张老师不仅是一位好老师，而且还是同学们的知心好友。

九、志愿者老师们说，看着孩子们不再局促与羞涩……

“局促”用来形容空间的狭窄或者时间短促，或者是形容人拘谨、拘束、不自然的状态，例如：

1. 这间房住两个人还是显得局促。

2. 第一次见到老师，小明显得很局促。

“羞涩”用来形容人害羞、难为情、态度不自然的样子。例如：

1. 他站在讲台上，羞涩地看着大家。

2. 刚进入公司时他表现得很羞涩。

十、发现生活中碰到的很多挫折，根本不算回事儿。

“不算回事儿”，口语中常用，指不重要、影响不大，例如：

1. 这些苦对于经历过大风大浪的前辈们来说都不算回事儿。

2. 这点损失对他来说不算回事儿。

十一、日后遇事绝不再轻言放弃。

“不再……”，指结束，停止，终止，放弃，不重复第二次，例如：

1. 自从上次和老师深入交流之后，爸妈就不再焦虑了。
2. 当掌握了这个方法后，这件事情做起来就不再困难了。

十二、来自五湖四海的国际志愿者们让爱心在希望中绽放，让希望在教育中成长。

“五湖四海”指全国各地，有时也指世界各地；现有时也比喻广泛的团结。

1. 本次活动汇聚了五湖四海的朋友们。
2. 我们来自五湖四海，为了同一个目标，走到了一起。

练习 Exercises

一、课前热身练习：学生分享当日新闻、趣事

____

____

____

二、根据课文录音给课文中画线的生词加上拼音

汇成 …………	成就感 …………	患儿 …………
自发 …………	反馈表 …………	一致 …………
相继 …………	动力 …………	凝聚 …………
针对 …………	愈发 …………	无穷 …………
流动性 …………	挫折 …………	正能量 …………
差异 …………	公益 …………	绽放 …………
打开心扉 …………	截至 …………	

三、根据课文内容填空

1. 每周三，在香港大学深圳医院的骨科病房里，都会上演这么______的一幕。

2. 来自深圳大学国际交流学院的留学生作为______老师，耐心地给孩子们讲着故事。

3. “小水滴”取自于“滴水成海”之意，积少成多，______。

4. 深圳大学国际交流学院的留学生们在得知这个爱心课堂后，便______成立了“小水滴爱心课堂国际志愿者群”。

5. ……匈牙利、阿根廷等国家的留学生志愿者______加入。

6. 这些老师还针对上课孩子______大、年龄______大、认知发展阶段不一样的特殊性，______，设计了很多富有______、层次性和实用性的英语课程。

7. 老师们通过英语会话、英语歌曲、英语游戏和英语绘本故事等形式，______。

8. 进一步体会到学习的乐趣，在学习中找到了自信心和______。

9. 这些留学生志愿者们在与这些病童相处后，发现自己生活中碰到的很多______，根本不算回事儿。

10. 一滴水的力量是微小的，但是当涓滴小爱凝聚大爱，就是无穷的______。

四、选择恰当的词语或短语填空

截至	体验	公益	局促	绽放	滴水成海
出谋划策	寓教于乐				

1. __________是最合适的教学方式。

2. __________今日，我们已经收到了几万条粉丝留言。

3. 张叔叔退休后一直热心__________事业，经常当志愿者。

4. 公司的发展需要大家一起__________。

5. 大家挤在这个小房间里显得有些__________。

6. 看着烟花在夜空中__________，她感动得流下了眼泪。

7. 这次户外活动让我们__________了一把真正的冒险。

8. 每个人的爱心汇聚起来，__________，将会带给贫困山区的孩子们希望。

五、把括号中指定的词语放在句中合适的位置上

1. 经过一学期的修改、调整，A全班同学的论文B得到了导师们的C认可。（相继）

2. 深圳大学的留学生们A成立了B互助学习汉语小组，C学习氛围十分浓厚。（自发）

3. 它不仅很会学习，A对于艺术、体育B都很C精通。（而且）

4. 经过这段时间的历练，A她B表现出C自信与坚强了。（愈发）

5. 自从上次和同事深入交流之后，A他B就C焦虑了。（不再）

6. 他这次的精彩表演A得到了B观众们的C好评。（一致）

7. A 2021年5月1日，B该公益组织收到了C上万件来自全国的捐赠物。（截至）

8. 无数的爱心A对他的支持，B让他有C生活下去的勇气。（汇成）

六、根据课文内容，选择正确的答案

1 “小水滴爱心课堂”设置了哪两种课程？（　　　）

A. 文化课和科学课

B. 文化课和兴趣课

C. 科学课和兴趣课

2 **文化课程包括：（　　　　）（可多选）**

A. 语文课　B. 国学课　C. 英文会话课　D. 自然科学课

3 **上英文课寓教于乐的形式不包括以下哪项？（　　　　）**

A. 英文会话　B. 英语歌曲　C. 英语游戏　D. 听写单词

4 **你如何评价“小水滴爱心课堂”？（　　　　）（可多选）**

A. 自信　B. 坚强　C. 正能量　D. 凝聚大爱

七、根据提示词语回答下列问题

1. 在香港大学深圳医院的骨科病房里，志愿者们有什么感受？

温馨　开心　感动

2. 这个课堂为什么叫“小水滴爱心课堂”？

滴水成海　积少成多　集腋成裘

3. 国际志愿者老师们设计的课程有什么特点？

趣味性　层次性　实用性

4. 国际志愿者和孩子们相处得怎么样？

打成一片　依依不舍

5. 孩子们在参与了志愿者们的课堂后发生了怎样的变化？

自信　坚强　不再局促与羞涩

八、交流表达与实践

1. 你相信“赠人玫瑰，手有余香”吗？给大家讲讲你相关的经历/见闻。

2. 如果现在有一个去中国西部地区当志愿教师的机会，请选择一门你比较擅长的学科（比如：英语、数学、美术、音乐、体育等），制作一份简单的教学计划（包括课时计划、课堂形式、教学方法等）。

会心一笑

方便

一个刚来中国的留学生跟中国同学一起吃饭。一个中国同学说：“我去方便一下。”其他同学告诉留学生，方便就是去洗手间。他记住了。有一天，有一个女同学给他发微信说：“希望在你方便的时候我能去拜访你。”留学生马上回复说：“不，不！你什么时候来都可以，但是在我方便的时候不要来！”

练习参考答案

第一课 在机场

课文一

一、

略

二、

略

三、

1. 总算到了；抱歉；因为天气原因；不晚点才奇怪；幽默；一路上辛苦；机场大巴

2. 叔叔；阿姨；再次来到；不成敬意；请笑纳；干吗；越来越；停留了；说实话；打算；一边学习一边找个工作；打算租房子；一边吃一边说；客气；见外

四、

1. B
2. C
3. C

五、

略

六、

1. 先干为敬
2. 一边……一边
3. 见外
4. 倒是
5. 接风
6. 还是
7. 反正

七、

略

八、

略

九、

略

课文二

一、

略

二、

略

三、

1. ×
2. √
3. √
4. √
5. ×
6. ×

四、

1. C
2. B
3. C
4. B
5. B
6. A
7. C
8. B
9. A
10. C

五、

1. 失明
2. 难熬
3. 及时
4. 不管……还是……
5. 一塌糊涂
6. 额外
7. 一……就……
8. 受不了
9. 不仅……还……
10. 寸步难行
11. 佩服
12. 巧合

六、

1. 因为他已经几天几夜没有洗澡了，身上的气味一定非常可怕。

2. 因为他确实有那样的气质和派头。

3. 因为作者不知道这是如何做到的，也不知道有多少人为这个有点特别的孩子付出了额外的努力。

4. 在短短的几个月里，她的汉语竟然说得这么好。

5. 在老师和同学们眼中，大卫是个完美的人。他沉稳帅气，阳光开朗。学习认真，成绩斐然。自己努力，也热心帮助别人。

6. 在这一路前行的教学生涯中，我的学生们不仅带我领略了各国的风情、文化，更让我从他们身上见证和学习了自立、乐观、专注、善良、坦荡、勤勉，这些全人类最美好的品质。

七、

略

八、

略

九、

略

第二课 老外在深圳

课文一

一、

略

二、

1. 倒时差；尽量让自己；正常入睡了；去茶楼喝早茶；收拾收拾；品种；好吃；不客气；顺便；房屋中介；头大；万事开头难；一件事儿一件事；理顺

2. 房屋中介；疯涨；快赶上；划算一些；合理；银行的网点；出租方；租户；讲讲价；有的放矢

三、

1. 品种
2. 顺便
3. 懒虫
4. 相对
5. 划算
6. 有的放矢

四、

1. 茶楼
2. 房屋中介
3. 银行

五、

略

六、

略

七、

1. 白色的
2. 跑得快的
3. 卖书的
4. 做生意的
5. 我喝的
6. 特别喜欢的

八、

1. C
2. A
3. A
4. B
5. B

九、

1. 有的放矢；可不是一天两天的事；先……再……；雷打不动，风雨不改

2. 不瞒你说；万事开头难；对了；也

十、

略

课文二

一、

略

二、

略

三、

1. √
2. ×
3. √
4. ×
5. √

四、

1. B
2. B
3. A
4. B
5. C
6. A
7. B
8. A

五、

1. 懊恼
2. 风光
3. 潜力
4. 分享
5. 梦想
6. 五湖四海
7. 超越
8. 兴高采烈
9. 就算……也……
10. 包揽
11. 平均
12. 不仅……还……

六、

1. 句
2. 座
3. 辆
4. 班

七、

略

八、

略

九、

略

第三课 面试

课文一

一、

略

二、

1. 简历；市场营销；最重要的是；提高；贵公司；比较了解；扬长避短

2. 喝咖啡；面试；待遇；再说；自己开公司做贸易；薪资；打交道；骑驴找马；跳槽

三、

打印——简历

开发——产品

修订——书籍

富有——经验

收敛——态度

四、

1. 应聘；从事；再说；简历

2. 进出口贸易；业绩

3. 恭喜；打交道；沟通；最可悲的是；骑驴找马；跳槽

五、

略

六、

略

七、

略

课文二

一、

略

二、

略

三、

1. √
2. ×
3. √
4. ×
5. √
6. ×
7. ×
8. √

四、

1. C
2. B
3. A
4. C
5. A
6. B
7. A
8. C

五、

1. 设身处地
2. 气氛
3. 提前
4. 因为……所以……
5. 缺乏
6. 团队精神
7. 如果……就……
8. 难得
9. 竟然
10. 招聘会
11. 不管……都……
12. 意味
13. 到底

六、

1. 从公司对赵立的评语中，我们知道公司认为赵立太急于表现自己，是一个缺乏团队精神的人。

2. 气氛一片祥和，一点儿也不让人紧张。

3. 首先分析自己：我有过相关的工作经验，知道怎么协助公司的最高领导上传下达，跟各部门协同沟通，让战略和日常目标都得以顺利地推进；其次分析公司：同时我也提前对公司的情况做了深入的了解，并设身处地地做了些思考。

4. ①回答问题时，要积极主动、充满激情，尽量用数据支持自己的想法，显得客观专业。

②回答问题时语调要抑扬顿挫，充满自信。

5. 在面试时需要回避涉及基本价值观和基本素质的缺点。

6. 马文面试的第二家公司认为他对事情掌握全面，有大局观，并且业务熟练。

七、

1. 次/场
2. 家
3. 份
4. 封

八、

略

九、

略

十、

略

第四课　劳逸结合

课文一

一、

略

二、

1. 加班；劳逸结合；业余；既；又；一举两得；爽快

2. 补充；先；然后；出名；放松；特色；预算；便宜

3. 享受；唱歌；打太极拳；放风筝；气息；绿化；特色；清单；计划

三、

洽谈	业务
享受	生活
耽误	时间
列	清单
性格	随和
业余	导游
生活	气息
度假	胜地

四、

1. 日程；洽谈；项目；劳逸结合；购物清单

2. 预算

3. 随和；爽快

五、

略

六、

略

课文二

一、

略

二、

略

三、

1. ×
2. √
3. √
4. ×
5. √
6. ×
7. ×
8. √
9. √
10. ×

四、

1. B
2. B
3. A
4. C
5. C
6. B
7. A
8. A

五、

1. 集合
2. 秘诀
3. 保护
4. 历史悠久
5. 心灵
6. 鸟语花香
7. 才华
8. 展示
9. 严禁
10. 喧嚣

六、

1. 治理国家；生活节奏

2. 情感交流；放松身心

3. 东部海滨；银滩秀水

4. 踏沙；抓螃蟹；拍美照；海底珊瑚

5. 休闲鞋及泳衣；晕车药

七、

1. D
2. A
3. C
4. B
5. E

八、

略

九、

略

第五课　创业

课文一

一、

略

二、

退税；手续；百事通；小企鹅；知名；出身；纪律；滔滔不绝；如数家珍；传奇；肃然起敬

三、

守	纪律
传	文件
创办	企业
节省	成本

四、

1. 守时；破费；日后

2. 参考；至于

3. 申请；电子商务

五、

略

六、

略

七、

略

八、

略

课文二

一、

略

二、

略

三、

1.√

2.×

3.×

4.√

5.√

6.√

7.√

四、

1. A

2. C

3. B

4. A

5. C

6. C

7. A

五、

1. 连锁

2. 无疑

3. 家教

4. 直接

5. 关键

6. 机遇

7. 放弃

8. 依赖

9. 兼职

10. 扔掉

六、

1. 学习汉语

2. 困难；放弃

3. 要相信自己；追求梦想

4. 优先顺序；注重方法

5. 招聘员工；扩大客户基础

6. 坚持；忍耐力

七、

略

第六课 参观

课文一

一、

略

二、

1. 业务；体验和见识；知己知彼；百战不殆

2. 订单；性价比；关注；经营；扬声器；生产线；先进；运行；监管；干扰

三、

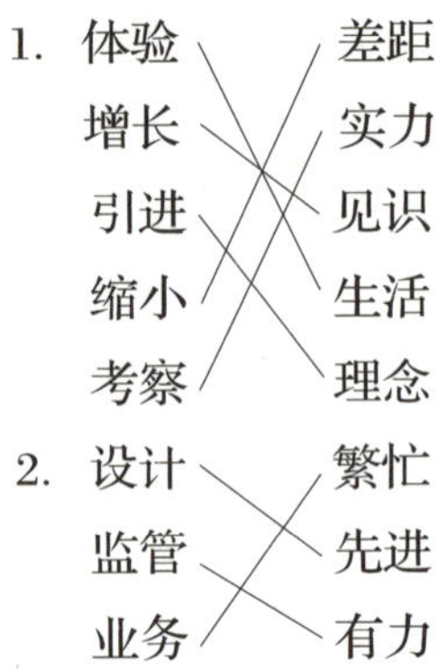

四、

1. 优惠；性价比；体验

2. 关注；难怪；该不是；实力；先进；业务

3. 型号；生产线；订单

五、

略

六、

略

七、

略

八、

略

课文二

一、

略

二、

1. ×

2. √

3. √

4. ×

5. ×

6. √

三、

1. 显眼

2. 布局

3. 吹

4. 卧虎藏龙

5. 运动健将

6. 被誉为

7. 切磋

8. 网红

9. 无缘

10. 招架

四、

A. 3

B. 7

C. 1

D. 5

E. 6

F. 4

G. 2

五、

略

第七课 酒不醉人人自醉

课文一

一、

略

二、

1. 分明；嫩绿；郊游踏青；看风景；出去玩；穿红着绿；三三两两；浪漫；野餐烧烤；农家乐

2. 宴请；以聊为主；以吃为辅；春满园酒楼；右侧；着装问题；训练有素；着装规定；翻译；张罗

3. 总监；经理；赏光；合作愉快；相互促进；产品质量；交货周期；商机；宴请；出货周期

三、

1.	表达	促进
	给予	经典
	重温	有素
	相互	谢意
	训练	支持
2.	商务	规定
	国际	宴会
	着装	惯例
	大幅	进步
	共同	增加

四、

1. 估计；何况

2. 促进；商机；着装；容纳

3. 提议；赏光；给予；出席；不对劲

五、

略

六、

略

课文二

一、

略

二、

略

三、

1. √

2. ×

3. ×

4. √

5. ×

6. √

7. ×

四、

1. A

2. C

3. B

4. C

5. B

6. C

7. A

8. A

9. B

10. A

五、

即将；信；十八年；欣慰；快乐；随遇而安；敏而好学；枯燥；退却；天马行空；时时；天天；周末；吾家有女初长成；坚定你所追求的；珍惜你所拥有的；警惕你所习惯的；兑现你所承诺的；一生幸运相伴

六、

1. 侵蚀

2. 粉嫩

3. 敬畏

4. 扬帆起航

5. 枯燥

6. 艰涩

7. 天马行空

8. 瞬间

9. 珍视

10. 孤注一掷

七、

1. 出生

2. 钢琴；游泳；乒乓球；体能；心理学；国际；热情；美食；一流

3. “吾家有女初长成”；独立

4. 人生状态；习以为常；井井有条；懈怠

5. 不立；契约；能力

八、

略

九、

略

第八课 行者无疆

课文一

一、

略

二、

1. 《小王子》；世界名著；青少年版；简写版；简单熟悉；点心单；茴香馅儿；读万卷书；行万里路；一回事

2. 订票处；折扣；机场建设费；姓名；证件；护照；自助

3. 宾馆；房间；明天；后天；标间；套房；大床房

三、

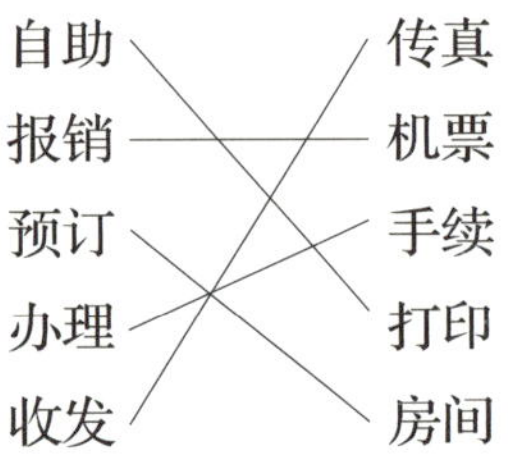

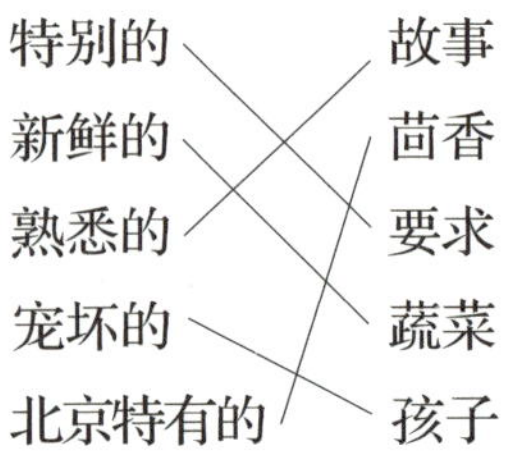

四、

1. 签约；背景

2. 凭；证件

3. 连；都

4. 独立；勤奋；佩服；名著；典型

五、

1. 我读过这本书，这是一本名著。

2. 这位客户并不是一个很开朗的人，恰恰相反是一个很内向的人。

3. 我真怀念妈妈，她总是对我说很多关心的话，虽然有时候我会觉得她挺唠叨的！

4. 我上次说很感兴趣的那套音响现在有折扣吗？

5. 不少人情人节送花给情人。其实鲜花和爱情并不是一回事。

6. 一旦哪一天公司出了事，还得经理出面才能解决。

六、

略

七、

略

八、

略

九、

略

十、

略

课文二

一、

略

二、

略

三、

1. √

2. ×

3. ×

4. √

5. √

6. ×

四、

1. A

2. C

3. C

4. C

5. B

6. A

7. A

8. C

9. A

五、

千禧年跨；印巴家庭；嘉年华；巡游彩车；报纸摊；一米九；伦敦腔；帅爆；崇拜；遗憾；大西洋；寒暄；滋养；开怀一笑

六、

1. 侦察

2. 谨慎

3. 心里没底

4. 走亲戚

5. 嘉年华

6. 攻略

7. 风度翩翩

8. 络绎不绝

9. 竖起大拇指

10. 乐此不疲

七、

略

八、

略

九、

略

第九课　我要请假

课文一

一、

略

二、

略

三、

1. 研究；手册；研究；规章制度；研究；学习；规定；规矩；方圆；国法；家规；规矩；方圆；规定；细节；规定；考试；中国特色；规章制度；佩服；入职；在职；离职；考核；指引；阶段；所得税；漏税

2. 商量；请假；请假；签字；特地；想家；审批；特殊；志愿者；年假；事假

四、

1. A
2. C
3. B
4. C

五、

略

六、

1. 规矩
2. 细节
3. 谢绝
4. 约定俗成
5. 审批
6. 打动
7. 规章制度
8. 颠倒

七、

略

八、

略

九、

略

课文二

一、

略

二、

略

三、

1. 倡导
2. 尽忠职守
3. 得体
4. 反馈
5. 串岗
6. 表现
7. 黑名单
8. 绩效
9. 提升
10. 否则

四、

五、

1. 执行力
2. 诚信
3. 甄选
4. 提升
5. 徇私舞弊
6. 贡献
7. 隐瞒
8. 得体

六、

1. ×
2. √
3. ×
4. ×
5. ×
6. ×
7. √

七、

部门：人力资源部

证件、材料：身份证、毕业证、学位证、职称证书等

填写：《入职登记表》

录入：考勤指纹

领取：《员工手册》、办公用品

八、

1. ABC
2. C
3. C
4. ABC
5. C
6. ABC
7. C
8. C

第十课 社会责任

课文一

一、

略

二、

1. 时装秀；细心；示范课；理论；效果

2. 露天；草棚；物质；匮乏；家访；虚汗；震惊；年迈；乐呵呵；埋头；义工；敬老院；福利院；寄托；感召；付出

三、

四、

1. 时装秀
2. 实习；抢……风头
3. 资助；寄托
4. 乐呵呵；唠叨
5. 艰苦；适应；付出；志愿者；示范

六、

1. A
2. B
3. D
4. B
5. B

课文二

一、

略

二、

略

三、

1. 温馨
2. 志愿者
3. 集腋成裘
4. 自发
5. 相继
6. 流动性；差异；出谋划策；趣味性
7. 寓教于乐
8. 成就感
9. 挫折
10. 正能量

四、

1. 寓教于乐
2. 截至
3. 公益
4. 出谋划策
5. 局促
6. 绽放
7. 体验
8. 滴水成海

五、

1. B
2. A
3. A
4. B
5. C
6. C
7. A
8. A

六、

1. B
2. ABCD
3. D
4. CD

七、

略

八、

略